Jesus Christus / Holger Ott

# Du bist Gott

Herstellung: Books on Demand GmbH
Umschlagsgestaltung: Thomas Cejka

Printed in Germany
ISBN 3-8311-1723-3

*Jesus Christus / Holger Ott*

# Du bist Gott

„An dem Tag als
du geboren wurdest
regnete es.


Doch es war
kein normaler Regen.
Der Himmel weinte,
weil er einen Engel
verloren hatte!"

# Inhalt

# Vorwort

Seid gegrüßt meine Lieben,
ich bin Sananda, den ihr wohl eher unter den Namen „Jesus"
kennt. Das ich hier durch einen menschlichen „Kanal" zu euch
spreche, ist nichts Ungewöhnliches. Auch du hast schon oft
meine Stimme empfangen, ohne daß es dir wahrscheinlich bewußt war. Du hörst mich gerade dann, wenn du nicht mal so
sehr darüber nachdenkst, ob du es kannst. Es ist eine natür-
liche Fähigkeit, besser gesagt: eine Eigenschaft, die du besitzt.

In diesem Büchlein spielt es gar keine Rolle, von wem du
diese Informationen erhältst, ob die jetzt von mir, von Donald
Duck, den Schlümpfen oder gar von Elvis Presley stammen.
Nur die übermittelte Botschaft selbst ist wichtig.

Ich habe hier eine verständliche zeitgerechte Sprache gewählt,
da euch selbst mittlerweile der Schnabel etwas anders ge-
wachsen ist wie vor 2000 Jahren, als ich noch als Mensch
„Jesus von Nazareth" auf der Erde herumgehüpft bin. In
diesem Werk ist es meine volle Absicht, euch zu verwirren
und euer bisheriges Weltbild komplett durcheinanderzu-
bringen. Nicht, weil ich gemein bin, sondern um euch eine
neue Sichtweise über euer Leben zu vermitteln.

Wenn ihr dieses Buch lest, dann ist es wichtig, sich von dem
Bild zu lösen, daß ihr von mir habt und das die Kirche an euch
weitergab. Ich bin nicht der Jesus, der in eueren Schriften als
bestrafend und belohnend zugleich dargestellt wird. Seht mich
einfach als guten Freund, der nur darauf wartet, daß ihr mich
nutzt.

Erzähle nichts von diesem Buch deinem Pfarrer. Er würde sonst von seinem Hocker fallen und völlig ausflippen, wenn er diese Schriften liest.

# Das Spiel mit den Illusionen

## Der Vater und ich sind eins

Als Jesus hatte ich einmal gesagt:

„Der Vater und ich sind eins."

Damit meinte ich *alle* Menschen. Jeder von euch ist eine Inkarnation Gottes. Ihr alle seid es.
Ihr wißt es nur nicht mehr, daß ihr Gott seid.

Doch ich möchte euch wieder daran erinnern:
Ihr seid der liebe Gott. Jede Zelle eueres Körpers ist göttliche Energie. Da ist nichts anderes. Da ist nichts außerhalb von ihm.

## Gott erfährt sich durch dich

Du (Gott) hattest vor langer zeitloser Zeit beschlossen, dich selbst auszudrücken und dich selbst zu erfahren.

DU BIST ER. ER IST DU.

Du möchtest erfahren, wie es ist, Gott zu sein.
Deshalb hattest du es vergessen. Sonst könntest du es nicht **erfahren**
Du weißt nicht, was schön ist, wenn du nichts anderes kennst, wenn es nichts anderes gäbe. Du könntest es sonst nicht fühlen. Wenn NUR Freude existiert, vergessen die Leute, wie Freude sich anfühlt.

## *Ihr seid bereits frei*

Da du dich nicht mehr erinnern kannst, wer du wirklich bist, hattest du bisher ein Leben gelebt, das dich glauben ließ, daß das, was du erlebst, die Wahrheit sei und von dem du wohl noch nicht glauben kannst, daß diese Wahrheit in Wahrheit eine Illusion ist.

Du hast nur vergessen, daß diese Illusionen, mit denen du dich immer wieder beschäftigst, wirklich nur Illusionen sind.

Weiter hattest du dir vorgenommen, einen „Rucksack" durch das Leben zu schleppen. Dieser Rucksack ist vollbeladen mit antrainierten Überzeugungen, Ängsten und Schuldgefühlen, mitgenommen aus deinen vergangenen Leben und aus deiner Kindheit. So bemühst du dich nun, in jedem Erdenleben einen Berg zu besteigen. Doch du kannst diesen Berg nur erreichen, wenn du vorher deinen Rucksack losgeworden bist.

Es ist jedoch nicht nötig, nach Methoden und Techniken zu suchen, um diesen Rucksack zu entsorgen. Ihr alle müßt nicht immer nach den Ursachen (den Inhalt eueres Rucksacks) forschen. Gebt eueren Rucksack doch gleich einfach an Gott ab. Ihr seid schon frei. Ihr wißt es nur nicht. Gebt eueren Rucksack ab und laßt die Vergangenheit vergangen sein. Lebt von nun ab nur noch im Hier und Jetzt. Sie ist (trotz meines Gemurmels von irgendwelchen vergangenen Leben) die einzige Zeit, die wirklich existiert.

## Die Illusion der Sünde

Ihr sagt euch gegenseitig, daß ihr noch so viel zu lernen habt. Euere Kirche lehrt außerdem, daß alle Menschen (von Gott erschaffen) unvollkommen sind, obwohl Gott selbst ja als vollkommen gesehen wird und deshalb doch nichts Unvollkommenes erschaffen könnte – oder nicht?! Weiter klärt sie den Menschen auf, daß diese Sünder wären, nur weil vor einigen tausend Jahren ein Herr Adam und seine Frau Eva in einen Apfel gebissen hatten (??!!!) - Häh?!

## Sex

Unbewußt denken auch noch viele Menschen: „Sex ist schlecht und schmutzig"! Sie denken das, weil das früher schon andere gedacht haben. Sie vererbten diesen Glaubenssatz von ihren Vorahnen. Doch macht euch frei davon: Sex ist ein wunderbarer Ausdruck der göttlichen Liebe. Warum solltet ihr diesen Ausdruck nicht *unbeschwert* nutzen können? Seht doch nur herunter bei euch. Das was ihr „da unten" sehen könnt, wurde nicht ohne Sinn erschaffen. Ganz bestimmt nicht aus dem Grund, sich dafür schämen zu müssen.

# Gefühle

Weiter hatten die Menschen untereinander ausgetauscht, daß viele Gefühle, die sie haben könnten, schlecht wären. Doch Gefühle sind nicht „schlecht", sie waren es nie und werden es nie sein, selbst Emotionen wie Hass und Zorn nicht. Sie sind in Ordnung. Es ist nur nicht ganz in Ordnung, wenn diese Gefühle in euch begraben werden. Da viele Leute sie negativ bewerten, werden diese Emotionen unterdrückt, bis sie sich jedoch eines Tages stauen und wieder an die Oberfläche gelangen.

Drückt aus, was ihr fühlt. Selbst Tränen sind keine Schwäche, sondern zeigen euere Stärke, euere wahre Größe.

# Der Tod

Ebenso lebt ihr noch in der Illusion, alt zu werden und irgendwann sterben zu müssen. Ihr habt euch und eueren Körper so programmiert, daß das Altern und der Tod normal sind. Doch euer Körper wurde in Wahrheit dazu geschaffen, um ewig zu leben.

Ihr habt ein Massenbewußtsein erschaffen, das sagt, das ihr in der Regel im Durchschnitt etwa 80 Jahre alt werdet. Es gibt jedoch tatsächlich Menschen auf eueren Planeten, die schon einige Jahrhunderte lang in ein und demselben Körper leben (wie in dem Film „Highlander"). Der einzige Unterschied aber zu diesem Film ist, daß sie nicht mit Schwerter aufeinander losgehen. Diese Menschen sind bereits so weit entwickelt, daß sie die Kraft der Schwerter nicht mehr benötigen. Sie sind reinsten Herzens und haben sich so programmiert, daß sie nicht „sterben" können.

Ihr alle könnt gar nicht sterben. Auch das Sterben ist eine Illusion, woran ihr aber seit tausenden von Jahren glaubt, da ihr (durch dieses Spiel des Vergessens) euch machtlos gegenüber dem Schicksal fühlt.

Wenn du „stirbst", dann ist es nur dein Körper. Selbst der müßte aber nicht mal sterben. Doch ihr habt euch programmiert wie einen Computer, der nach einer bestimmten Lebensspanne sagt: „So, heim geht es jetzt!". Eueren Körper laßt ihr deshalb auf der Erde zurück. Wollt ihr aber eueren Körper das nächste Mal mitnehmen, dann müßtet ihr euch nur auf diese Wahrheit umprogrammieren. Euer Glaube ändert dieses Programm.
Doch DU selbst kannst nie richtig sterben, egal wie du dein inneres Programm einstellst.

Es gibt keinen Tod. Oft wird von euch nur das gefürchtet, das es nicht gibt.
Auch den „Tod" sucht sich jede Seele selbst aus. Sie wechselt das Kostüm (wenn sie das möchte) und springt himmeljauchsend in das nächste Erdenleben, um dann dort in einer neuen Rolle seine Göttlichkeit zu erfahren.

## Wir prüfen dich nicht

Viele Esoteriker glauben, das ihr Schicksal, ihre Lebenssituationen (gerade die schmerzvollen) von der geistigen Welt für sie ausgesucht werden. Doch es ist nicht die geistige Welt, die diese Situationen ans Land zieht. Es ist die eigene Seele.

Doch da kommt gleich das nächste Mißverständnis der Menschen:
Viele Leute denken, die Seele verfolge nicht ihre Wünsche und „kämpft" gar gegen sie an, gerade wenn ein Mensch frühzeitig stirbt. Doch die Seele hat das gleiche Ziel: vollkommene Liebe zu erfahren. Daher unterstützt sie in Wirklichkeit die Menschen.

Deine Lebenssituationen sind keine Prüfungen, die dir von Gott gestellt werden. Es wird nichts geprüft. Gott prüft niemanden. Das ist eine esoterische Fehlmeldung. Es gibt nur Erfahrungen, die du sammelst, um zu erkennen, daß ihr beide (Gott und Du) eins miteinander seid.

## Lebensenergie

Oft hören wir (die geistige Welt), wenn ihr mit uns oder dem lieben Gott schimpft, sobald es nicht läuft in euerem Leben. Manch einer glaubt dann noch, das Gott ihn für seine Wut strafen würde. Doch wieso sollte er das tun? Gott ist niemanden böse, wenn dieser doch nur das ausdrückt, was er fühlt. Es ist völlig okay so. Gott freut sich über jeden Funken Lebensenergie, der aus euch kommt.
Nur eines solltet ihr nicht tun: euch selbst weh tun.

## Die Illusion vom bösen Menschen

Du bist nicht „böse" oder „garstig". Du bist diese Energie nicht. Die Energie, die sich das „Schlechte" nennt, wird nur benutzt und gebraucht. Sie ist nur eine Energie, die jedem von euch mal heimsucht.
Niemand ist „böse" – man benutzt diese Energie nur, **ist sie aber selbst nicht**

Ebenso gibt es keine Fehler. Es gibt nur Erfahrungen. Durch Fehler lernst du dich selbst besser kennen und verstehen – und somit dann auch deine Mitmenschen. Du wärst ohne deine Fehler gar nicht mal verständnisvoll.

Du hast das Recht, so viele Fehler zu machen, wie du benötigst. Denn diese bringen dir die Erfahrungen, durch die du deinen wahren Kern, deine wahre Geschichte erkennen kannst.

## Perfektionismus

Lasse die Überzeugung los, perfekt sein zu müssen. Du mußt nichts müssen, was du bereits bist. Alles ist vollkommen, gerade auch das, was deiner Meinung nach unvollkommen aussieht.

## Demut

Jetzt komme ich zu dem nächsten Mißverständnis in euerer Welt: Demut!

Ihr habt das Wort „Demut" falsch verstanden. Ihr müßt euere Knie nicht beugen vor irgendjemanden oder irgendetwas. Und wenn ihr doch euere Knie beugt, dann beugt sie in Freude.

Demut selbst ist keine Schwäche, was viele wiederum meinen. Nein – sie ist eine große Stärke. Denn hast du Demut, so kannst du nicht gedemütigt werden. Gedemütigt werden kannst du nur, wenn du keinen Demut hast.

Doch egal was du tust:
Demut kann, muß aber nicht. Es ändert daran nicht die Tatsache, wer du wirklich bist.

## Handlungen aus Angst und Liebe

Viele Menschen erfuhren nicht die bedingungslose Liebe, die sich so sehr gewünscht hätten. Indem sie diese Liebe nicht erfuhren, wuchs ihre Sehnsucht danach. Sie taten alles Mögliche, um diese Liebe zu erfahren – jeder auf seine Weise. Das bestimmt jetzt all ihre Handlungen. All diese Handlungen, egal was sie tun oder gar „anstellen", werden nur aus diesem Wunsch (Liebe zu erhalten) und aus dem Motiv der Angst ausgeführt. Es gibt nur Angst und Liebe. Das sind die einzigen Emotionen, die euch durch das Leben begleiten. Ihr habt jedoch immer die Wahl, wen von beiden ihr mitnehmen wollt.

Jeder von euch möchte lieben. Jeder von euch möchte geliebt werden. Ein Egoist, ein „Angeber" beispielsweise meint durch sein Auftreten eigentlich nur: „Bitte beachte mich!"

## Das Unterbewußtsein

Dein Unterbewußtsein ist nicht dein Feind. Viele Menschen denken das. Sie glauben, daß ihr Unterbewußtsein immer wieder dazwischenfunkt, indem es ihnen ständig mit neuen Problemen ihre Hoffnung auf ein glückliches Leben zerstört. Doch das ist nicht so. Dein Unterbewußtsein ist in Wahrheit ganz ganz lieb. Er setzt nur um, was du ihm „befiehlst". Er möchte dir helfen, dir ein Diener sein. Lobe es dafür. Baue ein neues, kumpelhaftes Verhältnis mit deinem Unterbewußtsein auf. Du kannst es auf eine Weise nutzen, die auch dich glücklich macht.

## Das Bindungsspiel

Ein weiteres Spiel, das ihr alle immer wieder gerne wählt, ist das Bindungsspiel:

Du fühlst dich noch oft gebunden und verpflichtet den anderen Menschen gegenüber. Es ist dir noch sehr wichtig, was andere von dir denken, von dir halten, und ob sie dich kritisieren...........Wenn dir das vollkommen egal ist, dann bist du frei.

Tu nicht das, was die Gesellschaft von dir erwartet. Mache dich nicht zu ihrem Gefangenen. Lebe DEIN Leben – nicht das der anderen mit, das dir ohnehin keine Freude macht – und lasse die Sorge los, was andere von dir denken könnten.

Du wurdest oft von deinen Mitmenschen bewertet. Dadurch hast du angefangen, auch dich selbst zu bewerten. Und das, was du heute noch über dich denkst, wird dir von deinem Leben brav widergespiegelt. Durch diese „Bestätigungen" und „Beweise" wiederum, die das Leben dir bringt, bist du erst recht überzeugt von dem, der du zu sein glaubst.

Glaube nicht einfach daran, daß du ein „Depp" wärst, nur weil ein anderer dich so nennt. Es gibt nur einen einzigen, der wirklich beurteilen kann, ob du ein Depp bist – das bist du selbst, weil du dich selbst am Besten kennst. Schließlich bist du mit dir selbst 24 Stunden am Tag (in euerer Zeitrechnung) zusammen. Nimm also eine sogenannte „Beleidigung" deiner Mitmenschen nicht so ernst. Sie lernten es als Kind so, wann und in welchem Grad man einen anderen als „Deppen" be-zeichnen konnte.

Sollte dich ein anderer Mensch kritisieren, so versuche „cool" zu bleiben. Reagiere am Besten nicht auf die Kritik.
Kritik heißt ja nichts anderes wie: „Ich verstehe es nicht!" Und erklären mußt du dem anderen schonmal gar nichts.
Sage einfach nichts darauf (schlucke es aber auch nicht her-unter). Denke dir innerlich: „Nee, ich bin viel weiter wie du. Ich mach das **Spiel** nicht mehr mit."
Stell dir vor, wie du reagieren würdest, wenn du jemanden lautstark kritisiert – und er sagt darauf nichts!!!! Da kämst du dir doch bestimmt auch etwas blöd vor, oder?!

## Ignoriere die Meinungen anderer

Suche die Lösung (aller Fragen) immer in dir selbst und nicht in deine äußere Welt. Ignoriere einfach die Gefühle, Meinungen und Antworten anderer, die aus der kollektiven Gedankenwelt stammen. Du mußt in dir selbst das alles erleuchten lassen, so daß die (Deine) Wahrheit auftaucht.

Orentiere dich nicht zuviel an die äußere Welt. So gibst du nur deine Macht an ihr ab. Oft vertraust du noch zu sehr der Meinung anderer. Ignoriere sie, wenn sie sich nicht gut für dich anfühlt. Zweifele die kollektive Denkweise an. Deine Aufgabe auf der Erde ist ein ganz anderes Leben.

Verbrenne deine alten Flügel. Es wachsen wieder neue. Sei einfach der wundervollste Suchende, den es auf Erden gibt.

## Die Liebe zu dir selbst

Oft fehlt dir Anerkennung von außen. Das ist deshalb so, um sie dir selbst zu geben. Fange am Besten damit an, DICH SELBST zu loben. Sehe nur die wunderbaren Seiten an dir. Baue genügend Selbstliebe auf, indem du dich so akzeptierst, wie du bist.

Sende dir einfach bedingungslose Liebe. Liebe dich vollkommen. Was du Liebe aussendest, kommt wieder zurück. Gerade auch die Liebe, die du dir selbst gibst.
Bitte dir selbst immer wieder um Verzeihung bei jedem „negativen" Gedanken.

Manche Menschen schrecken jedoch schon vor dem Wort „Selbstliebe" ab, da sie diesen Begriff automatisch mit dem Begriff „Egoismus" in Verbindung bringen. „So etwas ist nicht gut", denken sie. So übernahmen diese Menschen (es sind die meisten von euch) eine sogenannte „Priesterhaltung". Das hatten die Menschen schon seit Jahrhunderten untereinander ausgetauscht: „Wer sich liebt, hat ein großes Ego!"

Doch durch die Liebe, die ihr euch selbst gebt, werdet ihr zur Liebe (das was ihr eigentlich schon seid) und strahlt sie dann automatisch auf andere aus.

Oft glaubt ihr aber, nicht liebenswert genug zu sein und noch viele Dinge machen müßt, um es mal zu werden.
Viele Leute halten an diese tradionelle Illusion fest, obwohl sie sich an der Natur, den Tieren oder den Kindern dieser Welt erfreuen können. Gerade diese Freude über die wunderbaren Ausdrücke Gottes zeigt ihnen aber an, welch großes Herz sie eigentlich haben.
Immer wieder habt ihr diese Momente, in denen ihr erkennt, das ihr wunderbar seid. Doch sobald ihr das erkannt habt, streitet ihr es wieder ab, da es euch so beigebracht wurde, Bescheidenheit zu leben und das Selbstlob etwas Schlechtes wäre (Egoismus). Somit seid ihr schon wieder in euerer Priesterhaltung gefangen.
Ihr glaubt noch , daß Bescheidenheit der Weg zu Gott sei, der Weg zur Anerkennung von eueren Mitmenschen. Ihr denkt: „Ich kann mich doch selbst nicht loben. Das stinkt doch zum Himmel. Ich muß bescheiden sein."
Doch bitte: Löst euch von diesem Denken, von dieser Priesterhaltung.

Nun gut:
„Egoismus darf nicht sein", hat man dir gesagt. Doch sei es.

Ich empfehle es dir: Sei egoistisch – im positiven Sinne (damit meine ich: „nicht auf Kosten anderer....“). Es ist gar deine Pflicht, egoistisch zu sein.

Jeder von euch hat das Recht, vollkommen zu sein. Jeder hat das Recht, Millionär zu sein. (Geistig seid ihr es schon.)

So gibt es genügend wunderbare Menschen, wahre Helfer- seelen, die ihren Mitmenschen alles geben – nur sich selbst vernachlässigen sie. Denn einmal „Nein“ zu sagen, wenn andere sie um etwas bitten, betrachten sie als .......(was wohl): „Egoismus“. So bleiben sie weiter ....(ja ja): ihrer Priester- haltung treu.

Gib Menschen die Hilfe, wenn sie diese von dir möchten – und lasse sie dann gehen. Sag es nur einmal – dann laß sie wieder los. Vergiß sie, wenn du gegangen bist. Sie werden dann sonst zu bequem und verlangen höchstens noch von dir, sie auf ihrem Lebensweg zu tragen. Doch den Weg muß jeder selbst gehen. Du bist nicht verantwortlich für andere. Das ist jeder selbst. Sei ungebunden, lasse dich nicht einengen und lebe frei. So kannst du deinen Mitmenschen besser helfen, wenn du unpersönlicher und neutraler bist. So hatten Buddha und ich den Menschen wunderbar geholfen – nur so:
Wir blieben neutral von den Gefühlen anderer.

Übernimm nicht die Verantwortung für das Glück der anderen. Leg das besser ab. Du bist für nichts und niemand verant- wortlich, auch nicht für deinen Chef, deiner Firma oder sonst was. (versteh das nicht falsch. Das hat nichts mit purem Egois- mus zu tun).

Das war auch der Weg von Buddha und mir gewesen. Wir haben die Menschen unpersönlich geliebt. So konnten wir ihnen optimaler helfen, als wenn wir selbst noch über das Leben gestöhnt hätten. Und wenn einzelne Menschen zu uns

kamen, dann hatten wir uns nie in denen ihre Ängste hinein-
fallen lassen. Wir haben sie angeschaut, registriert, sind aber
dann draußen geblieben aus ihren Sorgen und konnten so aus
unserer Neutralität, aus unserer Unpersönlichkeit heraus optimaler helfen.

Jeder Mensch, der sich entwickelt, hilft schon dadurch, daß er
sich persönlich entwickelt. Diese Energie strahlt er dann hier
auf der Erde aus.
Wenn du die Erleuchtung erlangst, hebst du die Menschen und
die Erde an, ohne daß du dich gar mit ihnen befaßt.

Lerne, dich selbst einfach ein bißchen mehr zu lieben, ohne
wenn und aber. Gib vor allem dem Teil in dir, der es am
meisten braucht, deine Liebe: Dein inneres Kind. Stelle dir
regelmäßig vor, wenn du das möchtest, wie du dich als Erwachsener heute um das Kind, das du damals warst,
kümmerst. Stelle dir am Besten an deinem Arbeitsplatz ein
Foto von dir - aus deiner Kindheit - hin. Umarme es in deiner
Vorstellung, knutsche es ab. Denke, wenn möglich, jeden Tag
an das Kind in dir. Visualisiere einen rosa Energiewirbel aus
bedingungsloser Liebe um dein göttliches Kind herum. Oder
sehe in deiner Vorstellung eine Himmelstür in deinem Herzen,
in dem dein Kind einen eigenen Platz hat.

„Glück kommt durch die Augen in die Seele", sagte einmal
der Boxer Wladimir Klitschko. Er hatte wahrlich recht.
Nehme dir doch mal täglich fünf Minuten Zeit und stelle dich
vor dem Spiegel. Sieh dir dabei in die Äuglein. Sage daraufhin dann zu dir selbst: „Ich liebe dich, (Name)...., so wie du
bist!" Wichtig wäre dabei, dir in dieser Zeit (täglich fünf
Minuten) in die Augen zu sehen. Die Augen sind das Fenster
zu deiner Seele. Diese Übung dehnt dein Licht in dir in alle
Richtungen aus.

# Sie taten es aus Liebe zu dir

# Der Mensch als Spiegel

Setze dich entspannt hin und denke an einen Menschen, den du gar nicht magst. Nehme ein Blatt Papier zur Hand und schreibe dir den Namen dieses Menschen auf. Dann notiere auf diesem Zettel alles, was dich

a. an dieser Person stört

Nachdem du das getan hast, so schreibe direkt darunter das auf, wo du

b. meinst, was diese Person machen müßte, so das ihr euch beide wieder vertragen könntet.

c. Schreibe ebenso nieder, was du dieser Person für die Zukunft wünscht.

Hast du dies alles **ehrlich** niedergeschrieben?
Wenn ja, dann projiziere nun diese Sätze und Antworten von a., b. und c., die du eben notiert hast, auf das „Ich" – auf die eigene Person. Verwende wieder die gleichen Frageformen:

a. Was stört mich an mir?

b. Was müßte ich tun, das ich mich wieder mit mir selbst vertrage?

c. Was wünsche ich mir für die Zukunft?

Verwende zu diesen Fragen genau die Antworten, die du bei der anderen Person niedergeschrieben hast.

Du wirst feststellen, daß du eigentlich selbst damit gemeint bist und die andere Person dir in Wahrheit nur einen „Spiegel" vor die Nase hält. Wenn Person A an Person B etwas stört, dann nur, weil Person A das gleiche „Verhaltensmuster" selbst hat. Die eigenen Muster von A werden oft von ihm in Form von Kritik auf andere (B, C, D, E....) projiziert.

Kritisiert ihr ein Verhaltensmuster eines anderen Menschen, so könnt ihr sicher sein, daß ihr das gleiche Muster habt.

Es zeigt euch an, was ihr an euch selbst nicht mögt.

Vielleicht möchtest du aber am liebsten sagen:
„Was??!So ein Rindv...soll ein Spiegel von mir sein?!"
„Was? Mit dem hab ich was gemeinsam?"
Doch – es ist so. All die Menschen um dich herum dienen dir
als ein Spiegel – genauso wie du für sie ein Spiegel bist.
Sie halten diesen Spiegel **aus reiner Liebe zu dir** hin –
genauso wie du es für sie tust. Jede andere Seele liebt dich in
Wirklichkeit, möchte dir durch seine gespielte Rolle helfen,
und dir auf einer höheren verschlüsselten Ebene durch diesen
Spiegel zeigen, was dich noch zu deinem Glück behindert.
Denn oft sind es diese „Verhaltensmuster" und Glaubenssätze
in dir und in jedem, die das eigene Leben einschränken.
Auf seelischer Ebene sagt er zu dir:
„Du, ich möchte dir helfen, indem ich nun zeige, was dir das
Erkennen deiner Göttlichkeit noch verschleiert!"

All deine zwischenmenschlichen Beziehungen sind ein
Spiegelbild. Hast du irgendwelche Probleme mit anderen
Menschen, so hast du sie immer nur mit dir selbst. Schlägst du
in den Spiegel hinein, so schlägt es zurück. Es gibt nur dich.
Bist du mit den anderen ins Reine gekommen, dann bist du es
mit dir selbst.
Was dich an andere erfreut, liebst du an dir, hast du in dir
selbst. In der Schönheit der anderen kannst du deine eigene
Schönheit erkennen.

Das Wissen um den Spiegel verbirgt auch eine große Macht in
sich. Der andere verhält sich so, wie du ihn betrachtest. Das
heißt nicht, daß du andere Menschen ändern kannst, nur deine
Einstellung über sie. Sie reflektieren dann – nur dir – diese
Einstellung. Die anderen sind deshalb nie „schlecht" oder
„blöd". Sie handeln nur nach DEINEM Denken und spiegeln
deine Gedanken über sie – und deine Gedanken über dich
selbst.
Auch das Leben verhält sich ganz nach deiner Einstellung, die
du über das Leben hast.

## *Die Welt als Spiegel*

Alles im Leben ist ein Spiegelbild von dir – ein Spiegelbild deiner Gedanken, deiner Überzeugungen und das Spiegelbild der anderen Menschen, die dir das zeigen, was du an deiner Denkweise und Einstellung noch ändern könntest.
Erkennst du, wie einfach das Leben in Wirklichkeit ist? Es zeigt dir einen Spiegel, so daß du hineinschauen kannst, was dich zu deinem Glück behindert. Das Leben liebt dich auf diese Art und Weise..

Alles kommt erst von dir, dann widerspiegelt es dir das Leben. Gebe deshalb Liebe, anstatt diese Liebe von außen zu (er)-warten. Gebe sie vor allem dir selbst. Andere Menschen behandeln dich nur so, wie du dich selbst behandelst. Auch da wirken sie als Spiegel für dich, um dir damit zu sagen:

„Hey du, fang an, dich selbst etwas mehr zu lieben."

Du bekommst immer so viel Liebe, wie du sie dir selbst geben kannst. Liebe dich vollkommen. Sei zärtlich in Gedanken zu dir. Lobe dich auch mal immer wieder. So erhältst du Lob von außen. Indem du dir nun selbst die Liebe gibst, die du früher von anderen erhofft hast, erhältst du sie von deinem Umfeld, da dieses immer nur ein Spiegelbild deines Innenlebens ist.

Du brauchst dir keine Sorgen machen über die Dinge im Leben, die geschehen könnten. Tust du nichts „Böses", dann kann unmöglich etwas Böses dir geschehen, da du nur das ernten kannst, was du saest.
Dir kann das Leben nur dein Innenleben, deine Gedanken und Gefühle widerspiegeln, nichts anderes. Es kann dir nur das geben, was du ihm aussendest. Es kann nur zurück-geben.

Alles ist ein Spiegel. Drängen dich beispielsweise andere Menschen, setzen sie dich unter Druck, dann nur, weil du dich selbst in irgendeiner Form unter Druck setzt. Deshalb drängt dich in Wirklichkeit niemand, nur du dich selbst.

## Entferne die Leichen aus deinem Keller

Alles widerspiegelt dein Inneres. Sorge deshalb auch für Ordnung in deinem Haus. Werfe alles weg, was du nicht mehr benötigst. Werfe all die Leichen aus deinem Keller. Hinterläßt du Unordnung in deinem Heim, dann spiegelt sich das auch in deinem Inneren und führt nur zur Unordnung in deinem Denken. Mache lieber einen Kraftort daraus.
Gestalte dir eine Atmosphäre, die du sonst in der Natur oder in einer Kirche wahrnehmen kannst.

## Kraftorte

Gerade die Natur und auch viele kirchliche Einrichtungen sind großartige Kraftorte, da dort die Energien zahlreicher Naturgeister und Engel anwesend sind. Wenn du dich an die folgenden aufgeführten Schritte halten kannst, so wirst du schon nach einiger Zeit einen vergleichbaren Kraftort in deiner Wohnung wiederfinden. Dadurch erhöht sich deine Energie. Andere Menschen, die dann dein Zuhause betreten, werden sich wohl und geborgen bei dir fühlen. Das einzige Problem, das dabei eintstehen könnte: Sie wollen dann nicht mehr raus aus deiner Wohnung.

Mit diesen Schritten kannst du dir diese wunderbare kraftvolle Atmosphäre in deiner Wohnung erschaffen:

1. Wenn du meditierst, dann suche dir in deiner Wohnung deinen „Lieblingsplatz" aus. Meditiere immer nur an diesem einen Platz. Verwende immer nur den gleichen Stuhl an der Ecke, wo du meditierst.

2. Spreche von dort aus regelmäßig das „Vater unser". Dieses Gebet sorgt für kraftvolle höhere Energien um deinen Platz herum. Du kannst natürlich auch andere Gebete auswählen.

3. Baue dir um deinen Meditationsplatz eine liebevolle Atmosphäre auf, indem du dir beispielsweise folgende Dinge aufstellst: Blumen oder Pflanzen, ein Heiligenbild (von Buddha, Maria, Sai Baba oder mir....), vielleicht ein Engelbild, das du gerne magst und dir etwas bedeutet, Duftöle, Kristalle oder Edelsteine, der Duft von Räucherstäbchen, Gegenstände mit schönen hellen Farben........

Richte deinen Raum ganz nach deinem Geschmack ein. Stelle dir ab und zu auch

4. eine Pyramide
vor, die um diesen Platz herum steht. Stelle dir vor, wie diese Pyramide in deinem Raum, an deinem Meditationsplatz aufgebaut ist. Eine Pyramide kann eine besonders hohe Kraft bewirken.

5. Auch eine oder mehrere Kerzen sollten nicht fehlen.

Lege dir zu deiner täglichen, regelmäßigen (oder seltenen) Meditation sanfte ruhige und liebevolle Musik (für's Herz) auf, vielleicht auch Engelsmusik oder gregorianische Musik.

Durch Einhaltung und Durchführung dieser Schritte kannst du wunderbare Energien in deinem Raum verbreiten, die sich dort stabilisieren. Du wirst diese Energien deutlich spüren.
So brauchst du auch kein „Feng Shui" dazu.

## *Es gibt nur dich*

Um zu dem „Spiegelgesetz" zurückzukommen:

Gib einem Bettler öfters mal 5-10 DM, und du bekommst das Drei- bis Vierfache zurück.

Habe keine Sorgen um die Erfüllung deiner Wünsche und Sehnsüchte. Du brauchst nur das, was du möchtest, anderen Menschen geben. Das was du anderen Menschen gibst, schenkst du dir selbst. Es kommt zu dir zurück.

Denn es gibt nur dich.

Deshalb kannst du anderen auch nur die Liebe geben, die du dir selbst zu geben vermagst. Umgedreht ist es genauso. Andere können nur so lieben, wie sie sich selbst lieben. Hast du bemerkt, wie sehr kleine Kinder sich selbst lieben und sich in den Mittelpunkt stellen? Gerade die Kinder tragen aber auch ein großes reines Herz in sich und haben das außergewöhnliche Talent, Mensch und Tier **unkompliziert** zu lieben.

Wie das Wort „Spiegel" schon sagt:
Alles bist du.
Alles ist eins. (denn du bist auch ein Spiegel für die anderen)
Es gibt nur dich.
Du selbst bist das Leben.

Gott erfährt sich durch jeden und allem. Ihr alle seid eins mit Gott. Ihr alle seid EIN Wesen, und überhaupt nicht voneinander getrennt. Ihr habt nur verschiedene Masken auf, spielt verschiedene Rollen, habt unterschiedliche Geschichten.

Alles ist eins. Auch deine Welt, die du erlebst, ist eins mit dir, da sie dein Inneres widerspiegelt. Die Außenwelt ist eigentlich Illusion, spiegelt nur dein Bewußtsein.
Dein Bewußtsein aber – das ist keine Illusion, sondern Wirklichkeit.

Alles was du im Leben erfährst, bist du. Denn du selbst bist das Leben. Es gibt nur dich. Du bist ein Meisterengel, das glaubt, ohne Flügel zu sein. Alle Menschen glauben das noch.

## *Schmerz*

Viele Menschen tragen in ihrem Herzen noch eine tiefe Wunde in sich, einen großen Schmerz. Dieser Schmerz entstand schon in der Kindheit. Es ist ihr inneres Kind, das sich heute oft bei ihnen bemerkbar und sie wütend, traurig und ungehalten macht. Es ist ihr inneres Kind, das sich noch ungeliebt und einsam fühlt.
Selbst ein Kind, das noch im Bauch der Mutter ist, spürt schon sehr genau, was die Mutter denkt, ob sie ängstlich ist, sich auf das Kind freut oder es gar nicht mal haben möchte. Bereits im Mutterleib kann es dieses Gefühl des Nichtgeliebtseins erfahren.
Die Menschen, die diese Emotionen noch in sich tragen, merken oft nicht, das es ihr inneres Kind in ihnen ist, das nach Liebe schreit.

Hast du diese Gefühle selbst noch, dann gebe diesem Kind in dir mehr Aufmerksamkeit – mit voller Liebe. Dieses Kind ist in jedem von euch, tief in euerer Seele. Nehme dein Kind in dir wahr – vielleicht in Form einer Meditation, in dem du als Erwachsener, der du jetzt bist, deinem inneren Kind begegnest – das Kind, das du einmal warst (das aber in dir weiterlebt und nur verdrängt wurde).

Heile diese Wunden, ernährt von deinen Gefühlen des Nichtgeliebtseins, indem du dem Kind in dir viel Zärtlichkeit und Liebe gibst. Oft sind das auch noch gewaltsame Wunden aus anderen Leben. Da du diese Wunden damals noch nicht geheilt hast, hattest du dir heute ein Leben, eine Kindheit ausgesucht, indem du diese Gefühle, diese Wunden wieder spürst. Die Probleme von damals tauchten dann auch heute wieder auf. Sehe es als Aufgabe, diese Wunden zu heilen, indem du dein inneres Kind wahrnimmst, ihm sehr viel Liebe schenkst und ihn tief in dir selbst siehst. Rufe dabei mich oder deinem Schutzengel um Hilfe. Bitte uns, diesen Schmerz mit dir zusammen zu lösen. Für viele mag dies eine ganz schwierige Aufgabe sein, die aber mit göttlicher Liebe gemeistert werden kann.

## Denn sie wissen nicht, was sie tun

Als kleine Kinder seid ihr Menschen in euerer Familie, in euerem Umfeld begegnet, die sich sehr einsam fühlten. Dieses Gefühl der Einsamkeit haben sie auf der geistigen Ebene ausgestrahlt. Und du hattest dieses Gefühl als Kind unbewußt erfahren und auch in dir aufgenommen.

Viele ungeschickte, noch schlafende Menschen sind dir begegnet und hatten mit ihrem Schmerz auch dich mitbelastet. Doch ihnen war nicht bewußt, was sie taten.

## Verzeihen

Oft hat man dir nicht den Weg gehen lassen, den du gehen wolltest. Die fehlende Unterstützung von anderen machte dich vielleicht etwa scheu. Heile dies durch Vergebung. Verzeihe vollkommen. Verzeihe besonders deinen Eltern, die dir auf ihre Art das Leben lehrten. Sie waren in Wahrheit deine Sparringspartner. Du wärst sonst nicht derjenige, der du jetzt bist – und so ist es gut, sehr gut -, selbst wenn du es noch nicht so sehen kannst. Hattest du beispielsweise eine schwierige Kindheit, dann nur, um deine Sensitivität und dein Mitgefühl für dich und für andere zu entwickeln.

Verzeihe deinen Mitmenschen, die dir wehtaten, vollkommen. Mache dies am Besten in Form einer Meditation:
Stell dir vor, du sitzt in einem wunderschönen Raum, das ganz nach deinem Geschmack eingerichtet ist. In diesen Raum stehen zwei Stühle. Auf einem Stuhl nimmst du Platz. Dieser Raum hat auch eine Tür. Hinter dieser Tür warten bereits all die Menschen die dir wehtaten darauf, daß du sie – einen nach dem anderen – hereinbittest. Jeder einzelne möchte sich jetzt nun bei dir dafür entschuldigen, daß er dich verletzt hatte.
Rufe „Herein" und siehe, wer durch die Tür kommt. Welche Person jetzt auch plötzlich vor deinem inneren Auge auftaucht – es ist gut so. Bitte diese Person auf dem anderen Stuhl Platz zu nehmen. Sie entschuldigt sich jetzt bei dir und sagt dir auch, warum sie dir weh tat.
Die anderen Menschen, die du hereintreten siehst, kommuni-zieren wirklich mit dir durch deine Gedanken. Nimm die Ge-danken deshalb so, wie sie kommen. Nachdem du jeden einz-elnen angehört hast, sagst du am Besten auch zu jedem: „Ich verzeihe dir. Ich verzeihe mir. Ich bin frei. Du bist frei."
Höre daraufhin, wie die andere Person mit den gleichen Worten antwortet.

Durch Verzeihen löst sich auch der Schmerz auf, der entstanden war.

## *Einbildung aus einer anderen Welt*

Immer wieder bekamst du ein Gefühl des Nichtgeliebtseins und der Ohnmacht, da du nicht diese bedingungslose Liebe erfahren hattest, die du schon als Kind brauchtest. Du fühlst dich manchmal wertlos, da keiner dir deinen Wert zeigte. Oftmals durftest du nicht das in deinem Leben ausdrücken, was du fühlst. Manche Menschen mußten sich gar deshalb an der Schilddrüse operieren lassen, da sich das in ihrem Halse festhing. Oft hattest du dich nicht von den anderen Menschen verstanden gefühlt. Du hattest den Eindruck gewonnen, das es deinen Mitmenschen egal sei, was du denkst. So fühltest du dich abgelehnt und wertlos.

Jetzt bist du erwachsen. Doch immer wieder meldet sich das verletzte Kind in dir, das nach Liebe schreit, das es nicht erhielt.

Das Gefühl des Nichtgeliebtseins ist nur ein Gefühl, aber nicht die Wirklichkeit. Es ist eine Einbildung, die du bereits aus anderen Leben mitgebracht und noch nicht aufgelöst hast. Diese Einbildung ist eine andere Welt, die von den Menschen selbst erschaffen wurde. Das Ego nutzt jede Gelegenheit, wenn du Schwäche zeigst. Sei stark. Sei wer du bist. Es kann dich nicht wirklich beeinflußen.

Wenn du oft Situationen erlebt hast, die dich glauben ließen, für alle uninteressant und von ihnen ungeliebt zu sein, dann ignoriere diese „Illusion". Folge lieber deiner Mission, dich der göttlichen Liebe in dir zu nähern.

## „Ich will raus"

Jeder Schmerz, der an die Oberfläche eueres Bewußtseins kommt, geht normalerweise durch und vorbei. Es ist völlig normal, das er hochkommt. Nur ihr bemerkt ihn, denkt daraufhin „Och Gott ach Gott!" und haltet ihn dadurch fest. Der arme Schmerz. Er will eigentlich nur raus. Laßt ihn einfach gehen. Mehr braucht ihr nicht mal tun. Nur ihr haltet ihn fest, da ihr euch mit diesem Schmerz identifiziert.

## Die anderen dienen oft als „Auslöser"

All euere verdrängten Gefühle und alten Verletzungen gelangen an die Oberfläche, da sie aufgelöst und „befreit" werden möchten. Andere Menschen treten oft in euer Leben, um hierfür als „Auslöser" zu dienen. Sie werden dazu „benutzt", um durch betimmte „Rollenspiele" und Ereignisse diese unterdrückten Emotionen in euch wieder herauszulocken. Deshalb sind die anderen oft so „gemein".

Das alles ist ein Reinigungsprozess. Selbst Tränen sind eine Form der Reinigung, die außerdem deinen Selbstwert steigern. Du lernst durch sie dich selbst besser kennen, verstehen und schätzen.

# Enttäuschungen

Enttäuschungen sind – wie das Wort schon sagt – Auflösungen einer Täuschung (Ent-täuschung), die dir neue Wege zeigen möchten. Enttäuschungen sind absolut neutral. Nur euere Einstellung, euere Sichtweise über diese Situation erzeugen in euch unangenehme Gefühle. Diese Gefühle kommen aber nur aus der Täuschung heraus. Versuche deshalb, aus jeder Enttäuschung das „Positive" herauszuziehen, auch wenn es dir anfangs schwerfallen möge. Ziehe immer aus jeder „negativen" Erfahrung das Positive heraus. Registriere diese Erfahrung, doch wehre dich nicht gegen sie. Nur so kann sich diese Erfahrung als Wunder entfalten. So war sie gedacht.
Alles, was dir negativ erscheint, hat einen positiven Sinn.

## Jeder Mensch hilft dir

Es ist nicht wichtig, *wer* dich verletzt hatte – vergeß dies - , sondern **was** dich verletzte. Denn dich kann nur etwas verletzen, wenn eine Verletzung schon da ist. So kannst du gut erkennen, daß die andere Person dir über **das** nur aufmerksam machen wollte. Auf seelischer und geistiger Ebene hatte diese Person euere Erfahrungen mit dir abgesprochen. Du hattest selbst darum gebeten. Auf dieser Bewußtseinsebene hilft dir die andere Person. Sie sagt zu dir: „Hallo du. Ich hab in dir eine Verletzung, ein Muster entdeckt. Ich helfe dir, diese zu transformieren, indem ich dafür sorge, daß diese Verletzung in dir an die Oberfläche kommt."
Derjenige, der dich verletzt, bringt diese Verletzung an das Licht, an die Oberfläche, so daß du diese Verletzung dir an-

sehen und auflösen kannst. Sie war schon in dir da – denn (wie gesagt): Du kannst nur verletzt werden, wenn eine Verletzung bereits da ist.

Das jede Seele dir auf deinem Weg weiterhilft, möchte ich an einem einfachen Beispiel erklären:
Ein kleiner Junge wuchs unter einem dominanten Vater auf, der ihn unterdrückte und ihm sogar verboten hatte, seine Emotionen und seine Stärke zu leben. Heute ist dieser Junge erwachsen. Doch auch als Erwachsener trifft er Menschen, die sich durch ihr Verhalten seinem Vater sehr ähnelten – die Ehefrau, sein Chef.....................sie alle unterdrücken ihn, zeigen ihm recht wenig Respekt...........
Und wenn er sich weiterhin noch wertlos fühlt, dann hat er solche Ekel und Stinker auch heute noch um sich..............
Viele haben mit solchen Menschen zu tun. Viele haben einen dominanten Vorgesetzten an ihrem Arbeitsplatz, der sie fast in den Wahnsinn treibt. Er versucht ständig, seine Mitarbeiter zu unterdrücken. „Zufälligerweise" macht er das aber nur bei den Kollegen, die selbst in ihrer Kindheit nie etwas sagen und auch ihre Emotionen nicht leben durften. Was ist also der tiefere Sinn, der sich hinter dem Verhalten (Rollenspiel) des Chefs verbirgt?!
Er „kitzelt" unbewußt seine Mitarbeiter – so lange, bis diese auch mal auf dem Tisch hauen und sagen: „Nein, das lasse ich mir jetzt nicht mehr gefallen. Das bin ich mir nicht wert, mich so behandeln zu lassen." Plötzlich – irgendwann kommt der Zeitpunkt, indem sich diese Mitarbeiter nicht mehr unterdrücken und anbellen lassen. (solange haben sie aber Menschen um sich, die das immer wieder bei ihnen machen). Versteht ihr?
Viele Menschen übernehmen für einen anderen nochmal die Rolle seines Elternteils, bis derjenige über seinen entstandenen Kindheitsschatten springt und sagt: „Nee stop, so nicht mehr. Ich bin doch auch wer!"

# Schuld

Löst euch von dem Glauben, das so etwas wie Schuld existiere. Es gibt keine Schuld.

Ein Kind, das keine Liebe erfuhr, konnte diese als Erwachsener auch nicht weitergeben. All die heutigen Terroristen und Mörder wollten als Kinder nur geliebt werden. Ihr Handeln entsteht nur aus ihrem verletzten Kind in ihnen.

Jede Erfahrung, die du mit deinen Mitmenschen zusammen gemacht hast, wurde vor Beginn deiner jetzigen Inkarnation auf seelischer Ebene abgesprochen. Du hattest mit den Seelen der anderen ein Rollenspiel vereinbart, um gegenseitig Erfahrungen auszutauschen. Es gibt daher keine Schuld, nur ein ganz bewußtes Aussuchen von bestimmten Situationen, um Erfahrungen zu machen.

# Vergangenheit

Lasse deine Erlebnisse aus der Vergangenheit los. Sie ist schon lange beendet. Wenn du dieses Kapitel „Vergangenheit" in dir aber nicht beendest, gibst du diesem Kapitel nur die Chance, auch heute noch ein Baustein in deinem Leben zu sein. Doch möchtest du das noch? Ist die Vergangenheit denn noch wichtig für dich, wenn du anfängst, dir bewußt zu machen, daß du in Wahrheit vollkommen und eins – absolut identisch – mit Gott bist?! Durch das Festhalten deiner Vergangenheit und durch das Festhalten deiner gewohnten kollektiven Denkstruktur vergißt du immer wieder nur deine eigene Göttlichkeit. Du nutzt sie damit nie, bleibst damit im Mittelmaß der irdischen Welt hängen. Dabei hat die Menschheit die Fähigkeit zu Außergewöhnlichem................

## *Hole dir deine Macht wieder zurück*

Identifiziere dich nicht mit dem Schmerz.
Den Schmerz kann es nicht auslösen, wenn du dich als göttlich siehst. Der Schmerz ist nur da, sobald du dich als unvollkommen betrachtest. Jeder Schmerz, jede Angst geht weg, indem du deine Macht nimmst. Mache eine kraftvolle Bewegung mit deinem Körper und hole dir deine Macht wieder zu dir. Du hast die Macht, dich von der Erfahrung zu trennen, die den Schmerz auslöst. Es liegt in deiner Macht, den Schmerz, die Angst weiterhin zuzulassen oder abzustellen.
Bitte dazu auch die Engel der Reinigung und der Vergebung.

Du löst deine Blockaden, indem du dich auf das neue Bewußtsein („Ich bin Gott") konzentrierst, dich mit Gott verbindest. So wird es stärker in dir verwurzelt. Das hat zur Folge, das sich deine Blockaden lösen, da sie sich in diesem neuen Bewußtsein nicht mehr halten können.

Sage immer wieder:

„Ich lerne nur noch durch Freude, nicht mehr durch Leid!"

Das bestimmst du durch die Macht.

# Möge die Macht mit dir sein

## *Gebe dich der Macht hin*

Die Macht ist das Energiefeld (die göttliche Energie) in dir und um dich herum. Sie nährt dich. Du bist selbst diese göttliche Energie. Mache dich mit ihr vertraut. Sie gehorcht auf deinem Befehl. Du kannst sie fühlen, wenn du dich auf sie konzentrierst.
Vertraue der Macht. Sie durchdringt all deine Zellen, all deine Gedanken. Aber du stellst sie oft noch ab, da du nicht mehr weißt, daß du die Kraft überhaupt besitzt.
Gebe dich ihr hin. So wird sie immer bei dir sein.

Du kannst die Macht nutzen, indem du es willst, indem du Sehnsucht nach ihr hast. Nimm deine Macht wieder in die Hand. Macht ist nicht schlecht. Es kommt nur darauf an, wie diese genutzt wird. Viele Menschen haben Angst, die Macht zu nutzen, weil sie gesehen haben, was andere Leute daraus gemacht hatten.

Der Kinofilm „Krieg der Sterne", der in euerer Welt ausgestrahlt wird, bringt wunderbare Beispiele hervor, die dir zeigen möchten:

„Nimm deine Macht. Nimm sie wieder."

Nur hatten viele von euch darin einen Actionfilm gesehen, nicht aber die Botschaft dahinter.

Es ist die Zeit, der Augenblick, jetzt die Macht in die Hand zu nehmen. Lege sie nicht mehr weg. Strahle Macht aus. Du kommst doch ohne sie gar nicht voran.
Es ist die Zeit, es zu tun, es zu sein.

Stelle dir vor – mache dies am Besten in Form einer kleinen Meditation – wie du auf dem höchsten Berg der Erde stehst. Dort steht ein Thron – dein Thron. Schmücke ihn mit aller Pracht. Setze dir die Krone auf. Sage und fühle es:

„Ich bin der Herrscher meines Lebens."
„Ich habe alle Macht. Ich nehme sie jetzt an und lebe sie."
„Ich habe die Macht zu sein."

Stelle dich anschließend auch über die Erde. Stelle dir vor, wie du auf der Erde (sehe sie als eine Kugel) stehst.
Du beherrscht sie und die Sonne.
Durch diese Übung kommen mit der Zeit noch ungeahnte Kräfte in dir frei.

Oft hast du noch Probleme mit deiner Macht. Du weißt noch nicht wie du sie nutzen kannst. Du glaubst auch, sie nicht annehmen zu dürfen. Doch sie steht dir zu. Nimm sie wieder, die Macht. Hole sie dir wieder zurück.
Befehle deinen Gedanken, dir zu gehorchen.
Sage: „Ich nehme meine vollkommene Macht an."

Das Zentrum deiner Macht befindet sich in deinem Herzbereich. Gehe in Gedanken dorthin, zu deinem Herzen. Spüre dort erst nur dich und nicht die anderen, wie du es bisher getan hast. In deinem Herzen findest du einen kleinen Funken der Freude. Er ist in dir. Dieser Funke ist in jedem von euch. Er ist die Eintrittskarte zu deiner Macht.
Lass ihn in dir größer werden. Dieser kleine Funke resultiert das Urvertrauen. Entwickle Vertrauen in die (Deine) Macht.

## Göttliche Energie

Jede Zelle deines Körpers ist göttliche Energie. Sie ist diese Macht. Spüre sie in dir. Das machst du, indem du dich einfach nur immer wieder auf sie konzentrierst.

Du wirst diese Energie fühlen können, die sich in Form von Wärme, eines angenehmen Krippelns an deinem Körper, einem Ausdehnen in deiner Brust oder in Form einer Gänsehaut bemerkbar macht.

Du hast noch zahlreiche Möglichkeiten, diese Kraft in dir zu spüren, beispielsweise über das Gebet oder in der Meditation. Wenn du möchtest, kannst du auch folgendes tun:

Erinnere dich an die schönen Situationen, in denen  du sehr glücklich warst und achte auf das Gefühl, das dadurch entsteht. Wenn du dieses Gefühl wahrnehmen kannst, dann konzentriere dich immer mehr darauf. Probiere es mal aus und achte darauf, was geschieht. Je öfter du dich auf diese Freude konzentrierst, desto stärker nimmst du sie wahr.

Dadurch entsteht in dir ein euphorisches Hoch,  praktisch ein Gefühl, jeden umarmen und lieben zu können. Es ist das Gefühl, das auch entsteht, wenn du dir das Lächeln eines Kindes ansiehst.

## „Wisst Ihr denn nicht, daß Ihr Götter seid?!"

Gott hat viele Namen, und doch gibt es nur einen Gott, ein einziges Wesen im gesamten Universum. Ihr alle habt Namen (Ewald, Detlef, Nicole, James...) bekommen, dazu ein Aussehen, das euch von dem anderen unterscheidet.... und noch vieles mehr, das euch glauben laßt, voneinander getrennt zu sein. Doch ihr seid nicht der Ewald, der Horst, der Detlef.............- man hat euch nur diesen Namen gegeben. Identifiziert euch nicht mit euerem Namen. Identifiziert euch auch nicht mit euerem Körper.

Ihr seid reine göttliche Energie. Nur ihr habt euere Göttlichkeit, euere Vollkommenheit vergessen. Ihr denkt noch, daß ihr der seid, wie andere euch immer gesehen haben und was ihr selbst nur wahrnehmt: zwei Füss, zwei Arme und einem Kopf. In der Zeitlinie lebt ihr allerdings auch noch.
Seht euch nicht als Mensch mit nur zwei Armen, zwei Füßen......seht euch als göttliches Wesen – als Gott selbst. In Wahrheit seid ihr alle das eine Wesen. Ihr tragt nur verschiedene Masken und spielt unterschiedliche Rollen. Identifiziert euch auch nicht mit diesen Rollen, mit euerer Geschichte. Ihr seid diese nicht.

Noch hast du eine Verurteilung deiner selbst, die aber nicht real ist. Es ist deine Verbindung, deine persönlichen Beziehungen zur Quelle..........du hattest dich von dieser Verbindung distanziert. Doch das ist normal. Das hattest du dir vorgenommen. Das hatten sich alle vorgenommen.

Sage dir und wisse es (dehne es auf all deine Lebensbereiche aus)- sei es:
DU BIST GOTT
DU BIST DIE QUELLE – DU BIST ES!!!!!!!!
Sage es dir. Sage dir:
„Ich bin ein Meister"
„Ich bin wunderbar"
„Ich bin vollkommen"
DU BIST ER UND ER IST DU
Ihr ward nie voneinander getrennt. Ihr seid schon immer eine vollkommene Einheit gewesen.

Übe dich darin, deine Wahrheit zu leben. Sei Gott. Sei es. Sei es in jeder Minute. Sehe dich als die Inkarnation Gottes. Trete wieder dein göttliches Erbe an. Du hast von der Quelle die Energie.

Du bist der vollkommene Buddha und Christus.
Wir alle sind eine – die göttliche – Ebene.
Wir sind nicht – niemals – von dir getrennt.

Indem du dir immer wieder bewußt machst, daß du Gott, Buddha, Christus und die Quelle selbst – mit allem eins – bist, fängt die göttliche Kraft (die Macht) an, sich immer mehr in dir auszubreiten und das Ruder in deinem Leben zu übernehmen. Dieses Wissen („Ich bin Gott") ist ein großer Antrieb für deine Macht.
Verbinde dich immer mehr mit dem Göttlichen in dir. So lösen sich alle negativen Gefühle auf, die du noch in dir behältst. Sie können sich in deinem neuen Bewußtsein nicht mehr halten.

## Alles ist Gott... Gott ist alles...

Du kannst nur Gott begegnen im Leben, da es nur eine einzige Energie auf jedem Planeten und im gesamten Universum gibt: Gott selbst!
Jedes Gespräch mit einem anderen Menschen, einem Stofftier, einem „echten" Tier oder auch mit einer Pflanze ist ein Gespräch mit ihm – ein Selbstgespräch.
Gott hat sich nicht nur als Mensch erschaffen und inkarniert, nein: in allem, was du sehen und wahrnehmen kannst: in jedem Schnitzelbrot, in jeder Kaffeetasse, in jedem Kaubonbon, ja sogar in der Unterhose deines Nachbarn ist er zuhause. Es gibt im Leben nichts, was nicht Gott ist – nichts, rein

gar nichts. Nichts ist außerhalb oder getrennt von ihm. Es gibt nichts anderes als Gott selbst.

Du kannst nie an einem Ort gelangen, wo Gott nicht ist.

Selbst eine Toilette ist nicht gottverlassen, sondern ein heiliger Ort, da dort sehr viel Ballast losgelassen werden kann......

Alles ist Gott. Wenn du darüber nachdenkst, erkennst du, das ein neues Sofa keinen größeren oder kleineren Wert hat als ein Kaugummi, das darauf klebt. Und wenn du in allem – egal wer oder was es ist – den gleichen Wert sehen kannst, ja dann – ziehst du automatisch Reichtum und Fülle an.

## Die göttliche Brille

Betrachte auch die anderen Menschen mit den Augen Gottes. Versuche in ihnen, das Göttliche zu sehen. Sie wissen es nur nicht, daß sie das sind.

Denke daran: Jeder trägt nur eine Maske, hinter der sich Gott befindet. Versuche, in die kindliche freudvolle Seele des anderen zu blicken, egal wie er sich nach außen hin verhält. Das ist nur die Rolle, die er für seine Mitmenschen spielt – den Spiegel, den er anderen vor die Nase hält.

Setze dir die göttliche Brille auf, indem du dir auch einfach überlegst, wie sich Gott (der liebende, nicht der strafende) sich ihnen gegenüber verhalten und begegnen würde.

So lernst du, jeden und alles aus einer neuen Sichtweise zu betrachten – auch dich selbst.

Wahrscheinlich fällt es dir jedoch schwer, in jedem das Göttliche zu sehen. Dann rufe immer wieder in dein Bewußtsein, daß jeder Mensch nur eine Maske trägt und eine Rolle spielt. Blicke hinter dieser Maske. Sieh, wie das Licht dahinter (in

dem anderen Menschen) aufflackert. Schon allein durch die
Mühe, nach diesem Licht zu suchen, wirst du es erkennen.

## *Friede sei mit dir*

Eine deutsche Autorin in euerer Zeit (Bärbel Mohr) beschrieb
in ihrem Büchlein „Bestellungen beim Universum" ein ein-
faches Zauberwort, hinter dem große Kraft steckt:

„Friede sei mit dir".

(Gerade die einfachsten Dinge und Worte sind meist sehr
kraftvoll).

Wenn du Schwierigkeiten mit einer anderen Person hast, dann
sage ihm lieber nicht „Leck mich am A...", sondern einfach in
Gedanken: „Friede sei mit dir!"
Sage es nicht laut, sonst sieht er dich nur blöde an. Sage es im
Stillen. Durch das stille „Friede sei mit dir" verbindest du dich
automatisch mit dem Gottesfunken des anderen, der sich hinter
seiner gespielten Rolle befindet. Du trittst so in Kontakt mit
der Gottesgegenwart – den Frieden in Dir!

Während du in Gedanken diesen Zauberspruch („Friede sei
mit dir") wiederholst, dann stelle dir dabei vor, wie dieser
Funke des anderen aufhellt. Du wirst überrascht sein, wie an-
genehm diese andere Person darauf reagiert.

## Segnen

Nutze Gottes Kraft in dir. Nutze deine Macht. Fange beispielsweise an, Dinge und Menschen zu segnen. Segne auch die Nahrung, die du zu dir nimmst. Diese Nahrung erhöht so ihre Schwingung und damit auch deine, da du diese Schwingung zu dir nimmst.

## Finde deinen Meister – in dir

Viele Menschen suchen in ihrem Leben nach irgendwelchen Gurus und Meistern, die versuchen, sie zu Gott zu bringen. Dabei ist Gott doch schon da.

Bitte nutze seine Gegenwart. Rede oft mit ihm, führe innere Dialoge. Er hört dich und wird dir durch deine Gedanken antworten. Stelle dir vor, wie das göttliche Licht stets anwesend ist und dich begleitet (es ist da!). Sehe dieses Licht vor deinem inneren Auge. Über das innere Auge findest du deinen Meister. Du findest deinen Meister in dir. Reinige einfach regelmäßig dein inneres Auge, das sich zwischen den Augenbrauen befindet. Reinige es, indem du dir bildhaft vorstellst, wie sich ein goldener Ball – im Uhrzeigersinn – vor diesem inneren Auge dreht.

Vergleiche dich nicht mit anderen. Du brauchst das gar nicht. Du bist einmalig. Es gibt ohnehin keine einzige Person auf der Welt, die so ist wie du. Den Platz, den du einnimmst in der Schöpfung, den kann keiner einnehmen. Du bist einzigartig als Instrument Gottes.

Nicht nur das Vergleichen, auch der Neid geschieht aus dem Glauben heraus, nicht vollkommen zu sein. Du bist Schöpfer. Du brauchst nicht neidisch sein. Du kannst alles erreichen.

Frage dich in allen Situationen (Problemen etc.) immer:
Was würde Gott (der liebende Gott, nicht der strafende, so wie ihn viele Menschen noch sehen) in dieser Situation tun?
Was würde er in dieser Situation denken?
Was würde er tun, wenn er in meiner Lage wäre?
So „übst" du, Gott zu sein (du brauchst es natürlich nicht „üben", da du schon Gott bist. Es geht nur darum, dir diese Tatsache in dein Tagesbewußtsein zu verankern).
Vertraue dem Göttlichen in dir. Vertraue der Macht, wenn du dir diese Fragen stellst – du bekommst mit Sicherheit eine Antwort.

## Du bist die Liebe

Jeder Mensch kann nur so lieben, wie er sich selbst liebt. Nur die wenigsten lieben sich selbst wirklich. So ist die Liebe von anderen manchmal schlecht zu bekommen.
Sei ein Vorreiter: Erwarte nicht die Liebe von außen. Gebe sie einfach nur. Gib die Anerkennung, die du von außen willst – gib sie dir selbst.

Du braucht im Grunde nichts Bestimmtes erlernen oder er-kämpfen. Es reicht einfach nur, wenn du **liebst**.
Jeder und alles reagiert auf die Liebe. Sie ist DIE Macht im Universum. Wenn du möchtest, dann schicke in Gedanken oder in Form von Bildern den anderen Menschen Licht und Liebe, besonders denen, mit denen du noch in Konflikt steht.

Stelle dir dieses Licht wie eine Taschenlampe vor, mit der du deine Mitmenschen beleuchtest. Oder sehe vor deinem inneren Auge das Lichtschwert eines Jedi-Ritters (aus dem Film „Krieg der Sterne"), das du in deiner Hand hältst, und von dem nur Strahlen der Liebe und des Lichts zu einer bestimmten Zielperson gehen. Versuche dir auch, von der Liebe ein Bild zu machen: beispielsweise eine rosa Energiewolke, bestehend aus der Substanz bedingungsloser Liebe, die den anderen umhüllt. Sehe das süße kleine unschuldige Kind in den anderen Menschen. Sende ihnen in Gedanken reine Liebe. Die Menschen nehmen das in sich auf. Du wirst dich wundern, wie sie darauf reagieren.

## *Das was du dir wünscht.....*

Liebe ist das, was alles am Leben hält. Auch deine Wünsche. Die Liebe und deine Wünsche sind eng miteinander verbunden. All das, was du dir wünscht, das liebst du – sonst würdest du es dir nicht wünschen wollen. Der wahre Wunsch ist so betrachtet also nur eines: zu lieben! Denn so seid ihr dann glücklich. Liebst du etwas nicht, wärst du nicht glücklich darauf. Alle Wünsche, die ihr euch vorstellen könnt, beinhalten ein einziges – einen Herzenswunsch: Liebe zu erfahren. Warum wählst du nicht den direkten Weg, indem du dich nur auf die Liebe konzentrierst?! So erlebst du sie. Denn worauf du dich konzentrierst, das erlebst du.

## Aktiviere den Häuptling in dir

Es ist kein Muß, den anderen Liebe zu geben. Du bist nicht verantwortlich für sie. Doch wenn es dir langweilig ist und du nichts anderes zu tun hast, dann probiere deine Macht einfach aus.

Lasse dich jedoch nicht niederreisen, wenn einige dieser Menschen deine Liebe ablehnen und nicht annehmen können. Deine Liebe, die du gibst, kommt immer zurück. Doch sie muß nicht immer von dem Menschen kommen, denen du sie gibst. Oft kommt die Liebe gar auf andere Weise zurück. Das Leben schenkt sie dir.

Erwarte deshalb nicht von bestimmten Menschen eine Gegenliebe. Eine bestimmte Erwartungshaltung ist zwar richtig, sonst hättest du keine Wünsche mehr. Doch erwarte nur vom Leben das Allerbeste. Erwarte das aber besser nicht von anderen Menschen, denn sie lernen auch noch.

Setze dich daher nicht unter Druck, immer Erfolg haben zu müssen, indem du sagst:

„Ich muß Liebe ausdrücken."
„Ich muß jetzt Liebe schenken."

Aktiviere den Häuptling in dir – **ohne** Abhängigkeit von der Gegenliebe eines anderen Menschen.

# Neutralität

Übe die Neutralität. Übe vollkommen neutral zu sein, fernab von allen Bewertungen, ob „gut" oder „schlecht". Lasse die Dramen der Erde unter dich schweben. Sehe dich aus der Vogelperspektive.
Es gibt kein RICHTIG. Es gibt kein FALSCH. Du bist Gott und alles was du tust und bisher gemacht hattest, ist immer der Ausdruck deiner göttlichen Natur.

# Dein Wille geschehe

„Die Umstände, die dich leiden lassen, sind nur ein Spiegel deiner inneren Einstellung. Ändere die Sichtweise und erkenne, dass du nicht willenlos deinen Emotionen ausgeliefert bist – du kannst sie steuern. Die Situation ist nicht die Ursache, sondern dein Denken und die Gefühle darüber."

(Auszug aus „Das Universum spricht zu dir", 34 Karten mit Botschaften der Engel)

## Das Leben ist ein Gedankenspiel

Gedanken sind es, die das Leben formen, die es erschaffen und lenken. Gedanken der Freude erwecken das Lachen in dir, Gedanken der Angst die Unruhe. Und die Gedanken der Liebe sind es, die mich mit dir verbinden.

Deine Gedanken formen deine Realität. Sie sind Energien. Oft erlebst du Einschränkungen in deinem Leben. Doch Gott sorgt nicht dafür, denn er möchte, das du glücklich bist. Und das kannst du am Besten ohne Einschränkungen sein. Nein – es sind nur deine einschränkende Gedanken, die deine Einschränkungen erschaffen. Denn vergiß nicht: Du bist Schöpfer. Du hattest nur deine Macht abgelegt, dich von der kollektiven Welt einlullen lassen.

In deiner Kindheit bist du Menschen begegnet, die dich beeinflußten, indem sie dir sagten: „ Du mußt das Leben als Kampf sehen!"
Löse dich von diesen Beeinflussungen. Löse dich vom kollektiven Denken. Löse dich davon. Sei in dieser Welt – aber nicht von ihr.

Sicher ist das jetzt so einfach gesagt. Du hattest die Denkweise deiner Eltern übernommen, die deine Bezugspersonen, deine Lehrer waren. Das was deine Eltern über das Leben dachten, das hast du in dir aufgenommen. Viele von euch sind so auch gar mit der Vorstellung eines brutalen, beinharten strafenden Gottes aufgewachsen.

Sagten deine Eltern:
„Das Leben ist ein Kampf".....
„Man muß hart arbeiten und sich durchboxen, um zu etwas zu kommen".......

„Wenn du glücklich sein möchtest, mußt du auch viel dafür tun"...............,

.........dann hattest du es geglaubt Und dadurch, daß du es geglaubt hast, durftest du diese „Wahrheit" auch erleben. Denn das Leben schickt dir das, was du denkst, fühlst und glaubst. *(„Es geschehe nach deinem Glauben.")*

Es war die Gewohnheit des Denkens, das du bis jetzt ausgeübt hast – die Gewohnheit darüber nachzudenken, was in der Zukunft werden wird; Gedanken der Sorge an die Dinge, die du haben möchtest; und der Glaube an deine Zweifel. Versuche dich aus diesem Gewohnheitsdenken zu befreien, indem du wieder Urvertrauen in die eigene Göttlichkeit aufbaust und dir bewußt machst, daß du selbst die Quelle bist.

Mache dir nicht zuviele Gedanken um dein Glück. Denke nicht zuviel darüber nach. Wähle Einfachheit.

Du kannst uns nicht sehen, wie wir uns vor dir verbeugen, da dein Blick sich zumeist auf dieses kollektive Denken gerichtet hat. Glaube mir: Wenn du dich so sehen würdest, wie wir dich sehen, dann wären all deine Probleme gelöst.

Viele Menschen weigern sich unbewußt, positive Gedanken zu wählen, da sie Angst haben, enttäuscht zu werden, wenn sie das tun. Sie behalten lieber ihre Sorgen, senken so damit ihre Erwartung in eine niedrigere Schwingung und können so nicht enttäuscht werden, wenn das Leben ihnen Resultate bringt.

Das Leben ist ein Gedankenspiel.
Du kannst jeden Tag die Karten neu mischen. Du bist der Kartenspieler. Du brauchst dich selbst nicht ändern. Du bräuchtest nur deine Gedanken ändern.

Ich weiß, daß das hier auf dieser Ebene nicht immer einfach ist bei dieser Dichte an Energieformen, liebevolle Gedanken zu hegen. Zuviele Angstformen sind es noch momentan, die die

Erde erfüllen – und daher ist es schon mal schnell geschehen, in die Angst zu kommen. Doch wir von der geistigen Welt stehen dir sehr nahe, auch wenn du uns oft nicht wahrnimmst, wenn die Schleier der Angst um dich gezogen sind. Doch wisse, du bist geliebt von all den Wesen der lichten Welten, die glücklich sind, dir Beistand und Liebesenergien senden zu können.

Doch auch diese Dichte der Angst wird abnehmen. Deine Gedanken realisieren sich so immer schneller, da du bewußter wirst und sich deine Schwingung erhöht.

## *Worauf ihr euch konzentriert.....*

Ihr erlebt das, worauf ihr euch konzentriert. Das Leben widerspiegelt euch immer euere Gedanken und Gefühle. Oft konzentriert ihr euch aber noch auf das, was ihr gar nicht möchtet, das was euch Angst macht. Damit erlebt ihr das. Die Angst geht dann so weit, daß ihr diese dann für euere Wahrheit haltet.

Habt ihr Angst, dann erlebt ihr Situationen, die diese Angst wiederum bestätigen. Dann glaubt ihr erst recht an das, was euch Angst macht.

Laßt ihr aber die Angst los, dann läßt euch auch die Angst in Ruhe. Dann trifft das nicht ein. Dann kann das nicht mehr geschehen, was ihr befürchtet.
Wovor ihr Angst habt, das wird sich ohnehin nie ganz verwirklichen......außer ihr seid euch sicher, das es so eintrifft.

Worauf du deine Aufmerksamkeit richtest, genau das nimmst du wahr – und oft nur das. So ist es auch mit den irdischen Problemen deiner Welt: Denkst du nur an Mangel, an Probleme, dann bekommst du die schönen Dinge um dich herum gar nicht mehr mit. Du siehst nur das, was in deinem Bewußtsein ist. Die schönen Seiten des Lebens siehst du nicht, weil du durch die Gedanken des Mangels natürlich dann schlecht gelaunt bist. Sie fallen dir nicht auf, solange du deine Wahrnehmung nur auf das richtest, was dich in deine Mißstimmung gebracht hat.

Richte deine Augen auf Schönheit und Reichtum. Schau dir die Natur an, die spielenden Kinder, die Banken mit dem vielen Geld. Stell dir vor, all dieses Geld gehöre dir. All diese Fülle ist wirklich eng mit dir verbunden.

Bedanke dich für all das Schöne, was du am Tag erlebst. So konzentrierst du dich auf die Fülle, das dein wahres Erbe ist. Durch Dankbarkeit vermehrt sich alles. Da kommt auch wieder Dankbarkeit zurück. Es geht nicht so sehr darum, daß Gott möchte, das du ihm in dir dankst, sondern worauf du letztendlichst deine Aufmerksamkeit richtest: auf Fülle (das machst du automatisch durch Dankbarkeit) oder auf Mangel. Konzentrierst du dich nur auf das, was du noch nicht hast, dann erlebst du diesen Mangel. Dann wächst halt dieser.

Worauf du dich konzentrierst, das erlebst du. Und weil du es erlebst, glaubst du jedoch, daß dies die einzige Wahrheit im Leben sei und du nur aufgrund dieses Erlebten deine Aufmerksamkeit darauf richtest.
Doch nicht die „Realität" bestimmt deine Gedanken. Es ist umgedreht: Deine Gedanken bestimmen diese Realität.
Alles wird erst von dir ausgesendet (gesaet) und erst dann vom Leben widergespiegelt (deine Ernte). Was du also immer wieder in deinem Leben siehst und erfährst, ist in Wahrheit nur der Spiegel deines Denkens.

Du bist mit allem was ist verbunden. ALLES ist eins mit dir. Deshalb besteht dein ganzes Leben aus reiner Gedankenübertragung:

Du ziehst das an, was du denkst. Die Angst kommt zu dir, wenn du anfängst, dir Sorgen zu machen. Das Glück kommt zu dir, sobald du an das Glück glaubst. Doch viele Menschen **suchen** das Glück. Tu es nicht so, wie es die Masse tut. Suche das Glück nicht. Wenn du es suchst, wirst du es nicht finden. Damit glaubst du nur, das Glück nicht zu haben, sonst würdest du es ja nicht suchen. Und so erschaffst du Situationen, die dir das Gefühl geben, **kein** Glück zu haben, so daß du es daraufhin suchen kannst.

Täglich präsentiert euch euer Nachrichtenprogramm Katastrophenberichte aus aller Welt. Millionen, ja gar Milliarden Menschen verfolgen sie vor dem Fernseher oder in ihrer Tageszeitung. Doch wenn nur eine Million Menschen sich auf diese Probleme konzentrieren, von dem die Medien berichten, so ist die Wahrscheinlichkeit groß, daß diese Art der Katastrophen sich wiederholen können. Ist euch aufgefallen, daß sich die gleichen Schlagzeilen in kürzester Zeit mehrfach wiederholten? Das Waldsterben, Zugunglücke, technische Probleme von Flugzeugen nach einem Flugabsturz, Angriffe von Kampfhunden auf Menschen in Deutschland, Kinderpornographien, Anschläge von Rechtsradikalen – auf einmal tauchte alles vermehrt hintereinander auf..............
Es ist das Massenbewußtsein euerer kollektiven Gedankenwelt. Es hat eine ungeheuere große Kraft, selbst wenn die meisten sich dieser Kraft nicht bewußt sind – doch erkennt: Wenn ein einzelner Mensch etwas denkt und fühlt, daraufhin widerspiegelt ihm das Leben genau das......wie sind die Auswirkungen dann bei Millionen von Menschen? Das heißt nicht, daß deine Schöpferkraft machtlos gegenüber der Schöpferkraft der großen Masse wäre. Gäbe es einen neuen Weltkrieg, und dieser Krieg findet in deinem Bewußtsein nicht statt, dann wirst du diesen Krieg nicht erleben. (Wahrscheinlich sitzt du

dann auf einer friedlichen Karibikinsel, auf der keine Bomben fallen, sondern nur reife Bananen).

Jeder einzelne kann und trägt am Weltgeschehen aktiv teil: Heiler, Ärzte und Psychologen ziehen mit ihrem Denken („Ich helfe viele Leute") Menschen an, die Hilfe benötigen. Firmen, die Alarmanlagen herstellen, ziehen Menschen an, die nach Sicherheit streben.
Politiker, die sich auf Probleme in ihrem Land konzentrieren, erleben dadurch viele Probleme.............usw..............
Wenn ein Mensch vor dem Wald steht und sich denkt: „Das Waldsterben hört einfach nicht auf!", dann erschafft dieser Gedanke eine Wieder-Reaktion seines Unterbewußtseins. Es sagt: „Waldsterben – ja das kann er haben.....!"
Das ist nicht so, weil das Unterbewußtsein gemein ist. Nein es ist ganz neutral, bewertet nicht unter Gut und Schlecht.

Schaut euch das Schöne an. Konzentriert euch nur darauf. Wißt, daß es beispielsweise noch viele gesunde Bäume auf diesem Planeten gibt. Auch diese Gedanken widerspiegelt das Leben. Auch das setzt euere Schöpferkraft, euer Unterbewußtsein um.
All das Leid, der Hunger, die Armut und die Kriege könnten gar sofort zu Ende sein, wenn die ganze Welt nur noch an die schönen Dinge denken würde.

## Alles ist wahr

Das, was du fühlst und denkst (so wie du die Welt siehst), das erlebst du. Alles ist im Leben ein Spiegelbild deiner Überzeugungen. Deshalb gibt es nicht nur eine einzige Wahrheit über das Leben, da du deine Überzeugungen in jedem Augenblick, in jeden Moment ändern kannst – und so sich dann diese „Wahrheit" ändert.

Viele Wahrheitssuchende, viele „Hoch-Esoteriker" suchen nach dem Sinn des Lebens, nach der Wahrheit im Leben. Doch es gibt nicht DIE Wahrheit. Es gibt viele, ganz viele Wahrheiten, und du kannst dir eine aussuchen – das ist die Wahrheit. Die Realität ist nicht eins.
Die Wahrheit, die du wählst (deine Sichtweise, deine Meinung darüber...), erlebst du daraufhin.

## *Sichtweise*

Erlebt ihr etwas, so bewertet ihr es. Ihr findet das Erlebnis entweder „gut" oder „schlecht". Ihr wählt so eine bestimmte Sichtweise, die das Erlebnis bewertet. Ihr habt eine bestimmte Meinung darüber. Diese Sichtweise haltet ihr dann für die Realität und begebt euch damit auf dem Weg in eine Illusion. Die Illusion ist die, in der ihr glaubt, daß euere Sichtweise die einzig alleinstehende Wahrheit im Leben ist. Doch wirklich wahr ist nur, dass es beliebig viele Betrachtungsweisen und Meinungen über dasselbe Erlebnis oder Ereignis gibt. Ihr könnt euch aussuchen, wie ihr es betrachten möchtet. Denn damit gestaltet ihr erst euere „Wirklichkeit".

Es geschieht so, wie du es betrachtest. Ändert sich deine Betrachtungsweise (setzt du dir eine andere „Brille" auf), dann ändern sich deine Gedanken. So ändern sich deine Gefühle. Ändern sich deine Gefühle, so ändert sich das Spiegelbild deines Lebens.

Es kommt nur darauf an, welche Wahrnehmungsbrille (deine Meinung, deine Sichtweise darüber) du dir aufsetzt. Ist das Glas für dich halbvoll oder halbleer?

Es gibt keine Probleme, nur wenn du sie als Probleme empfindest. Nur dann sind sie problematisch. Tust du es nicht als Problem sehen, dann löst sich dieses sogenannte „Problem" auf. Denn das Leben kann dir nur das widerspiegeln, was du denkst und fühlst. Es kann dir nur Probleme schicken, wenn du Probleme siehst. Lebst du in der Überzeugung, daß sich all deine Probleme auflösen, dann geschieht dies auch. Gebe sie einfach in Gottes Hände, setze dir dann eine neue Wahrnehmungsbrille auf uns sehe das Problem als „erledigt"

Hast du mal wieder einen negativen Gedanken, so kannst du ihn automatisch wieder ins Positive umwandeln, indem du beispielsweise sagst: „Nee nee, es kommt ohnehin besser als ich denke!"

## Das Gedanke-Bild-Gefühl-Modell

Zum weiteren Verständnis möchte ich euch gerne das Gedanke-Bild-Gefühl-Modell vorstellen:
Jeder Mensch hat sich so seine Wahrheit, seine Realität erschaffen. Jeder hat es so schon immer (meist unbewußt) getan – zu seinem Nutzen oder zu seinem Ärger und Leid: Er wendete dieses Gedanke-Bild-Gefühl-Modell an:
Er wählte einen **Gedanken**. Mit diesem Gedanken kamen automatisch innere **Bilder** (des Menschen nätürliche Vorstellungskraft), dann entstand daraufhin ein **Gefühl** – und genau das erlebt er dann, erhält er als Resultat seiner schöpferischen Kraft. Da sich das Erlebte nicht gleich nach seinem

Gedanken-Bild-Gefühl-Modell manifestierte, glaubt der Mensch, daß die Umstände, andere Menschen und das Schicksal schuld sind. So fühlt er sich dann als Opfer, nicht als Meister. Doch nichts geht „da draußen" ab, sondern alles erst in jedem selbst – durch sein eigenes Modell. Wählt dieses Modell von nun ab bewußt – zu euerem Vorteil, für das, was ihr euch wünscht:

Stell dir deinen Wunsch vor. Automatisch hast du schon einmal den Gedanken. Durch den Gedanken entsteht daraufhin automatisch das Bild. Und setze dann das positive Gefühl mit rein, so als wenn der Wunsch schon erfüllt ist. In dem Moment, wo du dieses Modell anwendest, hat sich dein Wunsch bereits auf der „Ätherebene" manifestiert.

## *Die Bühne*

Seh das Leben wie eine Bühne, deine Mitmenschen wie Schauspieler, in dem jeder seine Rolle spielt. Das Leben ist tatsächlich ein Spiel, in dem jeder seine Rolle wirklich gut beherrscht. Durch das Vergessen, wer du wirklich bist (Gott), hältst du diese Bühne für die Realität.

Doch die Bühne wird nach deinen Gedanken aufgebaut. Änderst du deine Gedanken, dann erscheint eine andere Kulisse. Doch egal, welche Kulisse gerade besteht, du wächst immer an Erfahrung. Die Schauspieler, also deine Mitmenschen, spielen ihre Rolle immer so, daß sie deine Gedanken über sie, über dich selbst und das Leben – das identisch mit dir ist – widerspiegeln. Denn du – nur du – bist der Regisseur auf diser Bühne, der entscheidet, welches Stück, oder welches Drama gespielt wird. Deine Gedanken sind Befehle, die du dem Leben aussendest.

# Krankheiten

Deine Gedanken wirken sich ebenso auf dein körperliches Wohlbefinden aus. Sie können Krankheiten erschaffen, sie aber auch heilen.
Der Geist bestimmt, was der Körper zu tun hat. Er hat Macht über den Körper. Das heißt, dass ihr den Körper beeinflussen könnt. Das beste Beispiel, das dies bestätigt, ist das Autogene Training. In diesem Entspannungsverfahren gebt ihr schließlich auch mit dem Geist Befehle an euerem Körper.
Das ganze Leben besteht aus Autogenem Training, aus Hypnose. All euere Gedanken sind Befehle, die ihr dem Leben erteilt.

Viele Menschen denken an Krankheit. Dadurch ist sie sehr nahe bei ihnen. Es ist wichtig, dieses Wort („Krankheit") zu löschen. Krankheit ist Illusion, genauso wie Probleme Illusion sind. FREUE dich vielmehr auf Gesundheit.
Achte auf deine Gedanken. Denke nicht gegen dich selbst.
Richtest du deine Aufmerksamkeit auf Probleme, so verstärkst du sie nur. Dadurch, daß der Mensch sich oft auf Krankheiten konzentriert, schwingt der Körper in andere Dimensionen wie der Geist. Der Körper erreicht durch dieses ängstliche Denken eine niedrigere Frequenz. Der Geist sieht: Illusion, Beschränkung, Richtig und falsch.............
Jedoch denke bitte daran: DEIN GEDANKE IST REALITÄT, NICHT UMGEKEHRT. Denke an Vollkommenheit. Sehe dich bereits so.
Hast du körperliche Beschwerden, dann mache ein kleines Ritual, eine Handbewegung über das schmerzende Körperteil. Stelle dir dabei vor, wie heilendes Licht aus deinen Händen in die betroffene Stelle fließt.
Liebe deinen Körper auf dieser „Bühne" (das irdische Leben) und steuere ihn auf höhere Bereiche zu. Fühle außerdem –

denke das nicht nur: „Ich bin Gott der Vater. Ich bin strahlende Gesundheit!"
Krankheiten sind Illusion. Gott kann nicht erkranken. Du bist Gott. Nur wenn du an Krankheit GLAUBST (Dadurch setzt du deine Gotteskraft in Bewegung), erlebst du diese Form.
*(Es geschehe nach deinem Glauben. Dein Wille geschehe).*

Deine Gedanken haben immer eine bestimmte Schwingung, je nach Qualität deiner Gedanken. Auch dein Körper reagiert auf deine Gedanken. Sind diese Gedanken niedrigerer Schingung, so fängt dein Körper an, bestimmte Wehwehchen zu manifestieren. Doch sie sind sinnlos und reine Illusion.

Krankheiten sind oft Ausdruck zur Beziehung zu Gott, zu dir selbst!

Du denkst, du kannst erst an Gesundheit denken, wenn du erst gesund bist. Doch das ist nicht die Wahrheit. Das was du denkst, fühlst, das was du dir vorstellst und worauf du deine Aufmerksamkeit richtest, das ist die wahre Realität.

Erzähle es nur keinen. Sie verstehen dich nicht.

Die Heilung wird in dem Moment immer verzögert, wenn du dir Sorgen um deine Gesundheit machst. Sehe dich deshalb als gesund.

Eine Krankheit ist keine Krankheit, sondern nur eine Information deines Körpers – die Art und Weise, wie dein Körper dir etwas sagen möchte. Sehe es deshalb nur als Info, nicht als Krankheit. Krankheit selbst ist es nicht, da sie nicht sichtbar ist. Sie entsteht nur im Geist. Nur das Resultat der Krankheit ist sichtbar. Die Informationen deines Körpers sind immer die gleichen: Er möchte dir darauf aufmerksam machen, dich selbst bedingungslos zu lieben und deine Denkweise zu ändern.

Eine Krankheit ist nicht zur Panikmache gedacht, sondern zum Auflösen. Eine Krankheit ist lediglich eine Sprache deines Körpers – er hilft dir auf seine Art - , damit du es lösen kannst und zu deinem Glück findest.

## *Am Anfang war das Wort.....*

Ihr habt in euerer Welt viele Sprachen, die aber das Gleiche bewirken. Sie können euere Gefühle verändern, und somit euere Realität. Auch Worte sind sehr stark.
All das, was ihr ausdrückt und aussprecht, sammelt sich auf der „Ätherebene" und kann sich somit leicht in euerem Leben manifestieren. Redet deshalb nie mit eueren Mitmenschen über Mangel, über Negativität. Sprecht überzeugt von Fülle, von schönen Dingen.
Seid euch bewußt: Das Wort, das ihr aussprecht, hat eine große manifestierende Kraft.

Meidet deshalb auch Leute, die ständig nur herumjammern. Viele Leute möchten eigentlich nur ihren „Müll" bei anderen abladen. Achtet darauf, daß ihr nicht zu so einer „Müllabladestelle" werdet. Wenn jemand euch ständig Storys über seine Vergangenheit – und das vielleicht noch stundenlang – erzählen will, so unterbrecht ihn lieber. Sagt einfach: „Nö danke!" Blockt so etwas ab.

Ihr könnt die Kraft euerer Worte beispielsweise nutzen, indem ihr ständig das bejaht, was ihr möchtet. Durch ständige Bejahungen gewünschter Veränderungen (Affirmationen) entwickeln sich diese langsam immer mehr zu Überzeugungen. Schon allein der Gedanke führt zu innerer Ruhe. Und ihr bekommt Schwung, da all euere Zellen sich dadurch erneuern.

So zieht ihr dann Situationen an, die das bestätigen, was ihr bejaht.

Denkt nur daran: Wenn Gedanken der Sorge und der Angst solche Erlebnisse hervorrufen können, dann dürfte es allerdings umgekehrt genauso „klappen". Ändert nu eure Denkweise. Bejaht einfach das, was ihr gerne haben wollt.

Zur Empfehlung möchte ich dir gerne einige wunderbare Glaubensätze und Affirmationen anbieten:

„Ich bin geschützt durch Gott"

„Ich trete den Weg heimwärts an"

„Ich bin vollkommen"

„Sex ist ein wunderbarer Ausdruck der göttlichen Liebe"

„Ich bin wunderbar"

„Ich bin Freude."

„Ich bin schön."

„Ich bin klug."

„Ich bin gesund."

„Jetzt habe ich es geschafft."

„Ich bin begehrenswert"

„Hab ich ein Glück"

„Ich bedanke mich für die Wunder, die jetzt geschehen."

„Ich freue mich auf die wunderbaren Veränderungen, die jetzt kommen."

„Ich bin es **wert**, geliebt zu werden."

„Ich erfahre nur Liebe und großes Glück. Und ich muß dafür nicht mal etwas tun!"

„Alles dient mir."

„Ich habe eine super Arbeit. Ich fühle mich wohl. Alle sind lieb."

„Es kommt ohnehin besser, als ich denke."

„Die göttliche Kraft fließt durch mich und in mir."

„Das Licht der göttlichen Liebe strahlt in mir."

„Ich bin strahlende Gesundheit."

„Ich nehme meine vollkommene Macht an."

„Es kommt ohnehin nur das Beste für mich."

„Ich bin der Herrscher meines Lebens."

„Ich bin das Licht und die Liebe."

„Ich bekomme vom Himmel Geld."

„Ich bin jetzt reich."

„Ich bin in Verbindung mit Gott.
Da gibt es keine Ängste."

„Ich hab immer Glück."

„Mein ganzer Mist, was mich an meinem Glück behindert hat,
kann jetzt gehen."
(nur wiederholen, wenn es notwendig ist, es zu sagen).

„Gott denkt durch mich.
Gott fühlt durch mich.
Gott handelt durch mich."

„Vater, in deine Hände befehle ich meinen Geist."

Suche dir diese Sätze heraus, die dir am Besten gefallen. Du
kannst natürlich dir auch eigene schöne Affirmationen ein-
fallen lassen.

## Es geschehe nach deinem Glauben

All das, was du dir wünscht, kann in Erfüllung gehen. Du
wirst dich jetzt wohl fragen, warum nicht jeder Wunsch in Erfüllung ging. Es liegt nur an deinen Überzeugungen, die du in
Bezug auf deine Wünsche und überhaupt über das Leben hast.

Dein Wille geschehe. Du bist Gott. Das heißt, das dein Wille
auch Gottes Wille ist, da du selbst ja Gott bist. Und da es
nichts außer Gott gibt, so gibt es auch keinen anderen Willen,
schon gar nichts, was gegen seinen Willen geht.

So wie du Gott betrachtest, so wie du ihn siehst, so drückt er sich in deinem Leben aus. Du entscheidest in jedem Moment, wie Gott sich in dir ausdrückt. Du startest den Motor, und Gott gibt dir das Resultat.

Du bist überzeugt von deinen Überzeugungen, weil du es so erlebt hast. Kann das aber nicht doch so sein, daß du das Erlebte immer wieder erlebt hast, weil du davon überzeugt warst?!

Du glaubst noch nicht so recht daran, daß **nur** Glück sich in deinem Leben realisieren kann, da du es bisher nicht so erlebt hast und da du noch davon überzeugt bist, daß das Leben aus Höhen **und** Tiefen besteht.
Könnte es aber nicht so sein, daß das Leben so geworden ist, weil du es so glaubtest?!

Deine Gedanken bestimmen und gestalten die Realität, nicht umgedreht! (Ich liebe diesen Satz)

Hast du irgendwelche Befürchtungen, dann treten Menschen in dein Leben, die dir diese Befürchtungen bestätigen. Oft haben diese die gleichen Befürchtungen. (Gleiches zieht Gleiches an.). Sie geben dir „Beweise" zu deiner Angst. So wachsen diese Befürchtungen in dir, da du diese dann für immer wahrscheinlicher hältst.

## *Das Leben gibt dir alles, was du „willst"*

Das Leben möchte in Wahrheit nur Gutes für dich. Es gibt dir alles, was du ihm befiehlst. Das machst du andauernd, auch wenn es dir oft nicht so bewußt ist. Wem sind schon bewußt, daß seine Gedanken nicht nur Gedanken, sondern auch BEFEHLE sind?!

Doch es ist so: Das Leben erfüllt dir all deine „Wünsche". Dein Wille geschehe. Und es geschehe nach deinem Glauben. Jeder von euch gibt ständig unbewußt immer wieder Bestellungen bei Gott, an das Leben auf. Das Leben ist treu und liefert dir IMMER das, was du ihm „beauftragst".

Achtet daher auf euere Gedankengänge, die nach dem „Ich...." folgen. Schreibt euch auf ein Blatt Papier nieder, was ihr über Dinge, die euch wichtig sind,
1. glaubt und denkt
sowie
2. was ihr darüber sprecht.
So überprüft ihr den eigenen Glauben an euere Ziele. Achtet darauf, was nach dem „Ich...."folgt. Es könnte sich nämlich realisieren....

Folgt etwa: „Ich muss....", dann streicht dies. Streicht jedes „Muss" aus euerem Leben. Auch damit legt ihr Samen. Das Leben widerspiegelt euch dann, dass ihr wirklich müßt. Damit schränkt ihr euch ein. Ihr fangt an, euch zu etwas zu zwingen. Und wenn ihr an Einschränkungen denkt, dann liefert das Leben euch diese Einschränkungen. Es fängt dann auch an, euch zu zwingen, etwas zu verändern.

Versteht mich bitte nicht falsch: Das „Muss" (z.B. handeln müssen, um glücklich sein zu können) ist nicht schlecht. Es ist nur ein Problem, eine Schwierigkeit, wenn du dabei ein negatives Gefühl (einen Zwang) empfindest. Das merkst du, wenn die Freude fehlt.
Je mehr Regeln, desto lebloser ist das Leben.
Manche Dinge mußt du aber wirklich. Wenn du beispielsweise auf das Klo mußt, dann tu es lieber.

Das sind Ausnahmen, die Probleme hervorrufen – wenn du nicht handelst!

Ich meine mit „nichts tun müssen" nicht, daß ihr Däumchen dreht, während ihr beispielsweise ertrinkt. Klar müßt ihr irgendwann eueren Kaffee trinken, euere Zigarre rauchen oder zum pinkeln gehen. Aber da habt ihr jeweils bestimmt kein schlechtes Gefühl dabei, oder? Wenn ihr einen Scheck über einem größeren Geldbetrag bekommt, dann müßt ihr auch auf die Bank, um den Scheck einzulösen. Das wird euch – nehme ich an - bestimmt nicht schwerfallen. Wenn Ihr einen tollen Job angeboten bekommt, dann müßt ihr auch wenigstens dort hingehen. Aber selbst das dürfte für euch dann kein Problem sein. Sonst wäre es kein Job, der euch erfreut. Wie gesagt: Mit dem „Handeln" ist nur gemeint, wenn ihr ein schlechtes Gefühl, einen Zwang dabei empfindet.

Um nochmal auf das „Ich...."zurückzukommen:
Werde dir deiner Macht deutlich bewußt. Alle Sätze, die du mit „Ich......" beginnst, alle Sätze mit „Ich" am Anfang jeden Satzes realisieren sich nach mehrmaliger Wiederholung. Wisse, daß das Leben dir all diese Sätze („Ich.....") liefert, dir bestätigt. Sei dir klar, daß da eine Situation kommt, die diesen Satz („Ich.....") widerspiegelt.

Sehr kraftvoll ist das „Ich bin....." zu Beginn eueres gewählten Glaubenssatzes.
Das „Ich bin..." löst was aus im Universum (setzt deine Gotteskraft in Bewegung).

# Wie deine Wahrheit entstanden ist

Deine Wahrheit ist durch deinen Glauben und deine Überzeugungen entstanden. Deine Überzeugungen (das, was du für wahr hältst) wiederum sind durch deine Erfahrungen entstanden. Du hattest es erlebt. Ich möchte dir es nun etwas genauer sagen, wie (einfach) das Leben (das Universum, dein Unterbewußtsein) funktioniert: Es richtet sich ganz nach deinen Überzeugungen und nach deinem Glauben, je nachdem welche Brille du dir aufsetzt. Du erlebst halt eben nur das, was du denkst, glaubst und fühlst.

Ich fange mal so an:
Irgendwann in deinem Leben hattest du einmal eine Erfahrung gemacht (die machst du ja täglich). Diese Erfahrung war neutral (das sind sie auch noch heute). Es passiert also etwas Neutrales. Du hast dann die Wahl:
Welchen Gedanken projizierst (wählst) du nun aufgrund dieser Situation? Welche Meinung hast du darüber?

*Wie du vielleicht merkst, komme ich wieder auf die Betrachtungsweise zurück: „Ist das Glas halbvoll oder halbleer?" Das Glas und sein Inhalt ist dasselbe. Nur: Wie siehst DU es?*

Also, weiter geht's:
Welche Sichtweise gibst du dieser Erfahrung?
Und dadurch entsteht jedem seine Welt, da das Leben unsere Sichtweise, unsere Meinung, egal welche wir wählen, immer „bestätigt". Es erfüllt uns immer unsere „Wünsche" (die Wahl der Sichtweise, der freien Meinung).
So wird deine Schöpferkraft in dir aktiv (du kannst es auch „Unterbewußtsein" oder „Universum" nennen). Du wählst eine Sichtweise. Daraufhin passiert immer eine Situation, die

dir diese Betrachtung, diese Sichtweise bestätigt. Doch denke daran: Du erlebst immer nur eine Bestätigung, eine Widerspiegelung deiner Sichtweise, nie die einzige Wahrheit. Du bekommst immer eine Bestätigung von dem, was du fühlst, denkst oder gar sagst. Das Universum (Schöpferkraft, Unterbewußtsein) gibt dir genau das. Es sagt sich: „Aha, das möchte er! Ja, das kann er haben. Das liefere ich ihm!"
Nicht die Situation ist das Problem, sondern das, was du darüber denkst.

Ich möchte es auch nochmal anders erklären:
Es beginnt alles mit einer einzigen Situation – so entstehen alle deine Überzeugungen. Durch diese neutrale Situation entsteht ein Gedanke von dir. Dieser Gedanke erzeugt ein Gefühl und zieht Situationen an, die dir diesen wiederum bestätigen. So festigt sich automatisch deine Überzeugung, dein Glauben daran.

Du denkst und fühlst etwas. Und da deine Schöpferkraft (Universum, Unterbewußtsein) absolut perfekt funktioniert, ruft es immer wieder eine weitere Situation in dein Leben (solange, wie du diese Sichtweise halt behältst), die dir dein Denken und Fühlen dazu bestätigt, so daß du es wieder – und vielleicht immer wieder, ja womöglich heute noch – denken und fühlen kannst. Wisse deshalb, das egal, welche Probleme du hast, du sie immer lösen kannst, da diese Probleme nie in deiner Außenwelt entstehen, sondern in dir, in deinem Denken. Erst dann findest du das Resultat (nicht das Problem selbst) im außen.

Und nochmal:
Bei ALLEM, was du denkst und fühlst, gibst du eine „Bestellung" an deine Schöpferkraft (Universum, Unterbewußtsein) auf. Es sagt darauf (du kannst es nur nicht hören – nur wenn du darüber nachdenkst, was du denkst): „Ja, das kann er haben. Das liefere ich ihm!" (Dein Unterbewußtsein

sagt niemals „Nein". Das kennt er gar nicht. Du bekommst ALLES von ihm.) Denn deine Schöpferkraft (Universum, Unterbewußtsein) ist absolut neutral und „gerecht": Es bringt dir das, was du denkst, ohne es zu bewerten, ob die „Auslieferung" dieser Situationen dir vielleicht gut tut oder nicht.

Und noch einmal:
Wenn du den Glauben und die Überzeugung hast, das........., dann wird dir das......wiederspiegelt. Jede Überzeugung, die du hast, erschafft deine Realität und wird in deinem Leben widerspiegelt. Du bekommst vom Leben Beweise, daß deine entstehende Überzeugung absolut stimmt (stimmen würde). Durch diese Beweise, Widerspiegelungen, Bestätigungen hältst du erst recht das für wahr, von dem du überzeugt bist. Bestimmt triffst du daraufhin auch noch andere Menschen, die das Gleiche erlebt haben (da sie die gleiche Überzeugung haben). Gleiches zieht Gleiches an.
Versteht ihr es?

## Einfluss

Alles was du erlebst, geht von deinem Geist aus – denn du bist dein eigenes Universum. Alles, was du erlebst, bist du. Dir kann keiner was tun, nur du selbst. Niemand kann in deine Welt, in dein Universum hinein (außer du erlaubst es ihnen), und du nicht hinaus. Es ist alles deine Welt. Denn nur du hast letztendlich Einfluss und Macht über dein Leben. Andere haben das nur über dich, wenn du das glaubst. Und solange du das glaubst, haben eben andere die Macht, Einfluss auf dein Leben zu nehmen. Du gibst ihnen deine Macht ab. Übernehme deshalb die Verantwortung für dein Leben mit dem Wissen, das sich alles nach Deinen Gedanken und Gefühlen richtet und du dir damit das Himmelreich auf Erden erschaffen kannst.

Sehe dich niemals als Opfer.
Gibst du einem anderen Menschen für irgendetwas die Schuld, dann verleihst du ihm zusätzlich deine Macht über dein Leben. Nur so entsteht daraufhin erst die „Wahrheit", daß andere in deinem Leben herumpfuschen könnten. Die Welt und die Menschen, die in ihr leben, ist nur das, was du von ihnen denkst. Sie spielen daraufhin die Rollen, die du ihnen gibst.

Ich möchte euch nun noch einige Beispiele nennen; Beispiele, wie viele Menschen (die Masse) über verschiedene Dinge denken und dies auch erleben (weil sie über diese Dinge überzeugt sind):

## *Unglückszahlen*

Sogenannte *Unglückszahlen* bringen nur Unglück, wenn du davon überzeugt bist. Für viele Leute bringt beispielsweise die Zahl 13 Glück, da sie diese als Glückszahl betrachten. Die Menschen wählen es. Sie suchen sich das alles nur aus. Es gibt keine „schlechten" Zahlen. Es gibt nur das Ergebnis, das dadurch entsteht, wie jeder es betrachtet.
(Ihr Wille geschehe

## „Ich hab viel zu viel zu tun!"

Weit verbreitet ist auch die Aussage: „Ich habe viel zu viel zu tun.". Damit werden Ereignisse erschaffen, durch die diese Menschen, die an dieser Aussage („Ich hab viel zu viel zu tun") festhalten, immer mehr zu tun haben.
(Ihr Wille geschehe)

## Obst und Currywurst

Wenn du denkst, Obst ist für dich gut, dann ist es so. Wenn du denkst, Obst seie für dich schlecht – ist es so! Verspeist du eine Currywurst und denkst dir dabei, das sie für dich gesund ist, dann wird es so sein (solange das Crrywurstessen nicht zu einer Sucht wird: „Ich muss jetzt Currywurst essen..!").
(Dein Wille geschehe)

## Schicksal

Wenn du glaubst, du hast keinen Einfluss auf dein Leben, erschaffst du dir das. Alles sieht dann so aus, als könntest du nichts gegen das Schicksal machen.
(Dein Wille geschehe)

## *„Es könnte ja......."*

Viele Menschen haben auch die Überzeugung, daß immer etwas Unvorhergesehenes (etwas „Schlechtes") passieren könnte. Doch wenn sie „nur" glauben, dass etwas passieren **könnte**, dann passiert noch nichts, da das Leben nur das „könnte" widerspiegelt, nicht mehr. Deine Schöpferkraft (Universum, Unterbewußtsein) liefert dir immer wieder Situationen mit dem Hinweis, das etwas passieren „könnte".

## *Schutz*

Ein weiterer weit verbreiteter Glaubenssatz, der von vielen Esoterikern angewendet wird:

„Ich muß mich schützen"

So habt ihr die besten Chancen, von jedem beliebigen Menschen die Energien zu spüren und in euch aufzunehmen. Ihr werdet ausgesaugt von den anderen. Jeder hängt seinen Sch......an dir hin. Viel Spaß dabei..................
Dabei müßt ihr euch vor niemanden schützen, da jeder und alles göttlich ist. Müßt ihr euch etwa vor Gott schützen?

# Der Unsinn der Dualität

Du glaubst, daß das Leben aus Höhen **und** Tiefen besteht. Genau das erlebst du dann, weil du daran glaubst (das denken die meisten Menschen). Du denkst dir: „Es ist einfach so!" Und du glaubst, du kannst nichts dagegen machen. Zweifele die DUALITÄT (die Freude **und** das Leid) doch einfach an. Du hattest es so bisher nur erlebt, weil du sie für die einzige Wahrheit gehalten hast.

Deine Seele hatte schon tausende von Leben gelebt. Du hattest schon alles erfahren – all das Leid, all die Tiefen. Doch dieses Spiel weiter zu spielen, wäre und ist nicht mehr nötig. Du kennst doch jetzt schon alles – Licht und Dunkelheit, Gut und Böse......Fange nun ein neues Spiel an. Verbrenne deine alten Flügel. Es wachsen immer wieder neue.

Leid war einmal okay für dich. Sonst wüßtest du nicht, wie sich Freude anfühlt. Du hast erkannt, was Freude ist, indem du das Gegenteil erfahren hattest. Du könntest das Licht nicht erkennen, wenn es nur Licht gibt. Die Dunkelheit half dir dabei, den Unterschied zu sehen. WENN ES NUR FREUDE GEGEBEN HÄTTE; DANN HÄTTEN DIE MENSCHEN VERGESSEN; WIE SICH FREUDE ANFÜHLT.

Ich möchte das gerne nochmal wiederholen: Leid und Kummer mußt du jetzt nicht mehr erfahren, da du es schon erfahren hast. Gehe nun den Weg der Freude. Sehe dich schon dort. Das erreichst du, wenn du beginnst, das Leben als ein Leben mit Höhen **und Tiefen** als deine bisherige Wahrheit nun anzuzweifeln, stark anzweifelst, ja sogar belächelst. Glaube daran, daß das Leben auch NUR AUS FREUDE bestehen kann. Das ist sehr wohl möglich, denn das Leben kann dir nur widerspiegeln, was du glaubst und fühlst.

## *Spieglein Spieglein an der Wand......*

Oft nörgelt ihr noch an euch selbst, an euerem äußeren Erscheinungsbild (zu deutsch: Körper) herum:

„Ich bin zu dick!"
„Ich bin häßlich."
„Ich bin nicht attraktiv genug."

Diese Energie, die ihr durch euere Selbstkritik ansammelt, strahlt ihr dann nach außen aus (als wenn ihr ein Schild vor euch herumtragen würdet mit der Aufschrift: „Bitte lehne mich ab!"). So treten damit Menschen in euer Leben, die euch das bestätigen: „Mensch, bist du dick, Mann!" oder „Du bist nicht mein Fall!" Sie spiegeln dir deine eigene Meinung über dich (andere Menschen behandeln dich immer so, wie du dich selbst behandelst).

Doch siehst du bestimmt auf den Straßen oftmals Liebespärchen, die in dir den Eindruck erwecken: „Was, diese Vogelscheuche ist mit der geil... Tante zusammen? Was mach ich nur falsch?"
Nicht das Aussehen machts, sondern die Ausstrahlung, deine eigene Überzeugung über dich! Jeder sogenannte „Klöckner von Notre Dame" könnte eine Partnerin ans Land ziehen, wenn er sich selbst begehrenswert fühlt. Solltest du dich nicht für begehrenswert halten, dann wundere dich nicht, daß dies auch von außen widergespiegelt wird. Du hältst zwar die Ein-

drücke, die du von anderen bekommst, zwar als Beweis von dem, was du selbst über dich denkst – doch du fängst an, zu erkennen, daß dies alles nur ein Spiegelbild deiner eigenen Gedankenwelt ist, sobald du nur deine Einstellung dir gegenüber änderst. Sage dir einfach öfters mal, wenn du vor dem Spiegel stehst: „Ich bin begehrenswert!" (und vor allem auch: „Ich liebe dich, so wie du bist!") Lege dir neue schönere Glaubensvorstellungen zurecht. Das machst du automatisch, wenn du diese Zeilen nochmals und nochmals liest. Dadurch fängst du an, deinen altes Glaubensmuster: „Ich bin so etwas wie eine Vogelscheuche" anzuzweifeln. Dann wirst du dich vor lauter Verehrer (innen) nicht mehr retten können.

Wie gesagt: Du erkennst daraufhin, daß deine bisherige Überzeugung („Ich bin nicht attraktiv genug..., ich bin eine Vogelscheuche") eine Illusion und die damit verbundenen Bestätigungen deiner Außenwelt nur ein Spiegelbild deines Glaubens über dich selbst war.


## *Die Bilderwelt*


Alles, was ihr euch bildhaft vorstellen könnt, gibt es wirklich, da es gerade dadurch – durch euer Vorstellungsvermögen – erschaffen wird. Auch die dunkle Seite oder das Böse, wie ihr sie nennt, gibt es in Wahrheit nicht, sóndern wurde erst für euch wahr, als ihr angefangen habt, daran zu glauben.

Oft glaubst du, erst glücklich sein zu können und positiv denken zu können, wenn es positiv laufen würde in deinem Leben. Doch du steuerst es. Du startest den Motor. Gedanken bestimmen die Realität, nicht umgekehrt. (Haha, da ist dieser Satz schon wieder)

Die Macht wird wachsen. Stell dir vor, was du haben möchtest. Fülle diesen Wunsch mit Liebe. Sei in deiner Phantasie nur glücklich. So nutzt du sie am Besten. Stell dir deinen Wunsch wie einen Magneten vor, der zu dir angezogen wird. Schick das Bild ins Universum und sieh, wie der Wunsch zurückkehrt.

Was du dir vorstellst, das macht Gott in dir für dich. Er drückt sich so aus, wie du ihn siehst.

Nimm deine Macht. Befehle es der göttlichen Energie......, was du möchtest. Und wisse, das es geschieht.

## Erkennen

Dadurch, das du erkennst, daß es nur dein Glaube war, der dir das Leben erschwert hatte und das so natürlich jede deiner bisher gelebten Wahrheiten geändert werden kann, ändern sich auch deine Erfahrungen, da du automatisch anfängst, die alte bisher gelebte „Wahrheit" anzuzweifeln. Die alten Situationen können nur nochmal kommen, da es noch im Unterbewußtsein verankert war. Doch wisse, daß der Anker sich durch dein Erkennen schon sehr weit gelöst hat. Das Unterbewußtsein fragt dich einfach nochmal durch diese wiederkehrende Situation:

„Willst du diese Erfahrungen noch?"

Es erkundigt sich nur nochmal bei dir.

Zweifelst du diese alte Wahrheit stets weiter an, ja belächelst du sie sogar, dann löst sich der Anker völlig. Diese alten Situationen werden weniger und immer weniger...., da die Basis fehlt. Du denkst dir dann nur noch: „Ach, das kenn ich schon!"

84

# Wie du mit der Angst umgehen kannst

# Die Angst als Sparringspartner sehen

Es spielt keine Rolle, wann genau in der Kindheit (oder aus welchen Inkarnationen) die Ursachen deiner Ängste entstanden sind. Denn Angst hast du *jetzt*, nicht in der *Vergangenheit*. Wäre sie *vergangen*, hättest du sie jetzt nicht mehr.

Die ängstliche, traurige oder wütende Person in dir ist nur ein ganz kleiner Teil. Oft identifizierst du dich aber mit diesem Teil. Doch du bist mehr – viel mehr – ein Ganzes. Stell dich oft mal zur Seite und rede als höheres Ich mit deinem kleinen Ich (diesem kleinen Teil). Beruhige es, wenn es wütend wird. Tröste es, sobald es traurig ist.

Zweifel sind normal. Irgendwann leben alle diese Zweifel. Lebe die Zweifel jetzt und lasse sie dann hinter dir. Stell dich auf die Seite und sage dann zu deinen Zweifeln: „Ich brauche dich nicht." Lächle dann. Mach dir die Zweifel zu deinem Freund.....

Zweifel und Ängste sind nur Energiewesen (Engel, Energie), die du in dir behältst. Sie sind nur eine Energieform. Sie sind aber nicht Du. Ihr alle hattet sie irgendwann einmal von anderen Menschen übernommen.
Doch du bist diese Energie nicht! Identifiziere dich nicht mit deinen Ängsten und Zweifeln. Das bist nicht du.

Sehe deine „Probleme" (das sind sie nur, wenn du sie als Probleme betrachtest) als Herausforderung, als Aufgabe, die helfen, deinen Glauben und dein Vertrauen zu stärken. Ihr alle habt euere Ängste nicht ewig.

Stell dir deine Angst wie eine Gestalt, wie eine dunkle Form vor. Stell dir ebenso vor, wie deine Angst, die Gestalt angenommen hat, mit dir in einem Raum ist. In diesen Raum siehst du einen Stuhl. Bitte die Angst nun, auf diesem Stuhl Platz zu nehmen. Fülle jetzt mit Hilfe deiner Vorstellungskraft diese Angst mit goldenem Licht. Sende ihr Licht und Liebe. Mache dies mehrmals in Form einer Meditation - und du stellst fest, wie die Angst kleiner wird.

Viele Menschen haben Angst, die Angst anzusehen. Wenn du jedoch von der Angst davonrennst, wird sie größer. Doch laufst du ihr nach und redest mit ihr: „Hey, Angst wo bist du denn?", dann wendet sich das Blatt. Meist rennt die Angst dann vom Menschen davon.
Du kannst ja die Angst suchen. Indem du sie suchst, wirst du sie nicht mehr finden. Sie ist weg.

Alles dient dir. Auch die Angst möchte dir in Wahrheit dienen. Mache sie dir zum Freund. Das Böse ist eigentlich nur das Gute in Verkleidung. Denn es gibt in Wahrheit keine Dunkelheit.
Alle Ängste und Zweifel möchten dich nur auffordern, sie nicht ernst zu nehmen und deine eigene Wahrheit zu leben. Sitzt diese dann in dir fest, dann gehen diese Ängste wieder. Sie werden dann nicht mehr gebraucht, da die neue Wahrheit in deinem Leben vollkommen neu eingesaet wurde. Die Ängste haben dann ihre Aufgabe erfüllt und gehen woanders hin, wo sie benötigt werden. Lasse dich deshalb nicht entmutigen, wenn Ängste auftauchen. Sehe diese Ängste nicht als Dich selbst an, sondern daß sie dir helfen möchten.

# Du bist das Licht

Halte dir immer vor Augen: Das Problem, das dich vielleicht plagt, mag zwar die Dunkelheit darstellen, doch du bist das Licht. Und was passiert, wenn das Licht sich erinnert, wer es ist und wenn es eingeschaltet ist? Die Dunkelheit ist weg. Stelle dir das immer wieder bildlich vor. Visualisiere, sobald du ein „Problem" hast, wie das Licht eingeschaltet wird (in dir) ...und die Dunkelheit, die dein Problem symbolisiert, selbst zum Lichte geworden ist.
Licht ist stärker als die Dunkelheit. Denn geht das Licht an, gibt es keine Dunkelheit mehr. Versuche daher selbst das Licht in der Dunkelheit zu sein, anstatt dich ihr völlig auszuliefern. Denke an das Licht Gottes, wenn du voller Sorge bist. Hülle dich regelmäßig mit Hilfe deiner Vorstellungskraft in Licht ein. Mache am Besten täglich eine Lichtmeditation. Stelle dir vor, wie das Licht der göttlichen Liebe jede Zelle deines Körpers durchströmt. Sehe dich in Licht. So bist du das Licht. Du bist es ohnehin.

Schalte einfach das Licht ein, wenn die Dunkelheit vorhanden ist. So verschwindet sie automatisch. Wisse, daß du das Licht bist. Nur das ist wahr, denn nur die Liebe und das Licht ist die wahre Wahrheit. Bekämpfe die Dunkelheit nicht. Wenn du in ein Zimmer gehst, das nicht beleuchtet ist, schlägst du auch nicht nach dem Finsteren. Du wählst die einfachste „Technik": Du schaltest nur das Licht ein.

Nicht die Angst hält dich fest. DU hältst sie fest. Sie möchte raus. Doch du bist so mächtig.........
Sie macht sich bemerkbar, da sie stückweise, manchmal schreiend herausmöchte: „Laß mich rauuuuuuuusssssss!!!!"

Das Glück klopft täglich an. Nur du hast nicht aufgemacht. Du hattest die Angst hereingelassen. Doch die Angst ist nicht traurig, wenn du sie wieder verläßt. Sie wird überall noch gebraucht und genutzt.

Das was dir Angst macht, wird nicht immer bleiben. Du wirst anfangen, das anzuzweifeln, was dir Angst macht. Du hast dann kein Vertrauen mehr zu deiner Angst. Dann ist es so wie mit einem bisherigen Freund, der dich enttäuschte, da er nicht mehr glaubwürdig klingt.

Laß dich von deinem altem neuen Freund leiten:

von deinem Herzen.

Es war schon immer bei dir.


Du wählst die Angst. Sie kann nicht einfach so über dich herfallen, selbst wenn es manchmal so aussieht. Du hast die Macht, in jeder Zeit, in jedem Augenblick auch ein angenehmes Gefühl zu wählen.

Ihr alle braucht euch vor nichts zu fürchten. Ihr erschafft euch die Furcht nur selbst.

Dabei existiert doch nur Gott – nichts anderes. Ihr könnt nie in irgendwelche schwarze Löcher fallen, nur in seine Hand hinein.


## *Die Natur*


Die Natur bietet dir gute Möglichkeiten, neue Kraft aufzutanken und Angstmuster hinter sich zu lassen. Sie reinigt deine Energien immer wieder gründlich durch. Gehe einfach mal zu einem Baum. Umarme ihn. Bitte den Baum, daß er dir seine Energien senden möge. Stell dir vor, wie seine Energie – es ist Pranaenergie – in dir überfließt. Visualisiere diese Pranaenergie. Stelle dir bildlich vor, wie du sie aufnimmst. Es funktioniert wirklich. Die Energie des Baumes tankt dich auf. Das merkst du dann auch an deinen Händen. Sie fangen an zu vibrieren.

Bäume sind sehr feinfühlig, besitzen eine sehr feine Energie. Sie sind sogar in der Lage, deine Gedanken wahrzunehmen. Bitte auch die Sonne, dir Energie zu schenken. Sie erhöht ebenfalls deine Kraft.

## Nahrung

Reinige deinen Körper mit Licht und Weisheit. Behüte ihn wie einen eigenen Tempel. Nehme – wenn möglich - regelmäßig lebendige Nahrung (Obst, Getreide, Gemüse) zu dir. Du wirst die Wirkung spüren. Deine Schwingung erhöht sich dadurch enorm.

## Edelsteine

Auch Edelsteine und Kristalle helfen. Sie reinigen niedrigere Schwingungen. Lege sie nachts am Besten unter dem Kopfkissen, trage sie – wenn möglich - immer bei dir herum.

# Abgeben

Was du ablehnst (Menschen, Situationen), das gibst du Beachtung, bejahst du als Wahrheit. Du hältst es damit fest. Und durch das Festhalten erlebst du es so. Außerem erlebst du das, was du ablehnst, weil das Abgelehnte geliebt werden möchte. Alles, was in Unharmonie ist, möchte Liebe und kann nur durch Liebe geheilt werden.
Lasse also deine Ablehnung darüber in Liebe los. So läßt es auch dich in Ruhe.

Gebe sie immer ab an das Göttliche, sobald du sie (deine Ängste, Sorgen und Zweifel) spürst. Du kannst dich sofort für ein gutes Gefühl entscheiden.
Sage einfach: „Stop, das ist nicht mehr mein Weg. Ich laß das jetzt los. Ich entscheide mich für.....(Liebe, Glück......)"
Je öfter du das in dieser Form abgibst, je öfter du deine Ängste und Zweifel auf diese Art stoppst, desto weniger tauchen diese unangenehmen Gedanken wieder in deinem Bewußtsein auf.

Denk auch an den dazu hilfreichenden Zauberspruch:

„Es kommt ohnehin besser, als ich denke."

Übergeb alle Ängste und Zweifel, alle negativen Gefühle an Gott, mir oder den Engeln. Gebe sie einfach ab. Sage es und reiche deine Hände zu uns.

Sage jedesmal: „Ich gebe jetzt in Vertrauen all diese Ängste und Zweifel ab!" Mache dies auch in Form von Meditation und Gebet. Du brauchst dich nicht mit diesen Angstformen herumplagen. Du hast sogar das Recht dazu, sie abzugeben.

Gebe sie immer ab, sobald sie auftauchen. Das hilft wirklich. (Lächle dabei).

## *Wir stehen direkt neben dir*

Wenn der Himmel sich um dich verdunkelt und du ohne Hoffnung bist, wisse daß du nicht allein bist. Viele geistige Freunde sind um dich, die du durch die Dichte nicht wahrnimmst, die aber ständig bei dir sind. Bitte uns um Führung. Beginne vertrauensvoll dein Leben zu gestalten. Alles geschieht zum richtigen Zeitpunkt für dich. Nur sind die Wege oftmals unklar noch formuliert. Beginne damit, dir vorzustellen, welchen Weg du als nächstes einschlagen willst und wir werden dich begleiten und Hilfestellung geben. Aber nur Unklarheit und Angst vor der Zukunft können uns nur unklare Bilder vermitteln. Der Weg sollte kraftvoll und zielstrebig gegangen werden, ansonsten wirst du wie ein Korken, der im Meer schwimmt, von den Wellen hin- und hergespült, ohne an ein Ziel zu gelangen. Setze dir ein Ziel und verfolge es in Klarheit und mit Kraft, indem du dich bereits am Ziel siehst, dann wirst du es erreichen. Sei du der Steuermann deines Lebens und steuere zielgerichtet den Hafen – das Ziel an. Wir aus der geistigen Welt helfen dir beim Rudern.

Entwickele die Gewohnheit zu bitten, was du möchtest. Du hast einen freien Willen. Das ist ein geistiges Gesetz für uns, an das wir uns halten müssen. Wir können nur helfen, wenn du um Hilfe bittest – außer du bist in Not. Dann greifen wir ohne deiner Erlaubnis ein. Ansonsten müssen wir Däumchen drehen, solange du uns nicht rufst.

Wir führen und lieben dich. Oft kannst du das nicht glauben, gerade wenn sich Hindernisse vor deinem Weg stellen. Doch auch das ist unsere Führung – aus Liebe zu dir. Wenn Wege versperrt sind, sind es oftmals nicht die richtigen Wege. Diese Hindernisse möchten dir nur sagen: „Geh hier nicht weiter. Es ist der falsche Weg. Lasse los. Es wartet noch etwas Besseres auf dich!"

## „Dein Wille geschehe durch mich"

Hilf dir selbst, dann hilft dir Gott. Ein kleiner Funken Hoffnung sorgt schon dafür, daß das Leben dir diesen Funken widerspiegelt. So kann die Hoffnung wachsen bis in das Vertrauen hinein.
Manchmal glaubst du, daß sich in deinem Leben mehr ereignet, als du vertragen kannst. Doch gebe nie auf.

Lasse dich in seine Hand fallen. Sage: „Dein Wille geschehe. Er geschehe durch mich." Gottes Wille ist, daß du glücklich bist.

## Sicherheiten

Höre auf, nach Sicherheit im Leben zu suchen. Deine Angst läßt dich glauben, du benötigst Sicherheiten. So strebst du nach irgendwelchen Sicherheiten, ob materiell oder in einer Beziehung, die dir wichtiger sind als die größte und die einzige Sicherheit selbst: Das Wissen, das in dir Gott ist. Mit diesem Wissen kann dir nichts passieren. Sie ist die beste Sicherheit.

## Die kosmische Müllabfuhr

Stellt euch einfach vor, wie ihr euere Ängste in eine Lichtkugel hineinlegt und diese Lichtkugel mitsamt ihres Inhalts einfach davonschweben laßt.

Auch viele Engelwesen sind hier, die nur darauf warten, daß ihr eueren „Müll" ihnen mitgebt. Ihr könnt sie auch mir geben. Bei allen Menschen kommt immer deutlicher der ganze angesammelte Ballast an die Oberfläche ihres Bewußtseins. Das ist gut so. Dieser Ballast und der Müll muß erst raus. Dann können ich und die Engel (die kosmische Müllabfuhr) sie mitnehmen.

Du kannst dir ja auch vorstellen, wenn du möchtest, wie du ein JediRitter Lichtschwert (bekannt aus dem Film „Krieg der Sterne") in deiner Hand hältst und dessen Strahl zu der Angst richtest. Bestrahle mit diesem Lichtschwert die Angst. Sehe, wie sie dadurch verschmelzt.

## Die Begleitmusik

Eine weitere gute Übung, um den Ängsten Lebewohl zu sagen, ist eine Technik aus dem NLP, entworfen von Richard Bandler:

94

Stelle dir eine Situation aus deiner Vergangenheit vor, die dir recht unangenehm war. Achte dabei auf deine Gefühle. Wahrscheinlich kommt dir das wie ein schlechter Film vor. Apopro Film: Jeder Film hat eine Begleitmusik, die die gerade gespielte Situation dieses Filmes passend darstellt. Wenn beispielsweise der Darsteller im Film in Gefahr gerät, ertönt passend dazu eine dramatische Musik, die die Spannung zu dieser Situation ergänzt. Suche dir jetzt auch eine passende Musik aus, die zu deiner Situation, zu deinem Erlebten paßt. Und nun ändere sie: Laß in deinem Geist eine Musik ablaufen, die überhaupt nicht mehr zu deinen Gefühlen bezüglich deines Erlebten paßt, beispielsweise Stimmungsmusik oder andere fröhliche Musik. Wiederhole das ein paar Mal. Achte jetzt nochmal auf deine Gefühle. Durch diese Komik, die diese Musik hervorruft, merkst du, daß sich deine Gefühle zum Guten wenden. Du fängst an, deine unangenehmen Gefühle an dieser Erinnerung zu verlieren. Sie wandeln sich um.

## *Wir sind in dir*

Was natürlich auch sehr hilfreich ist:

Visualisiere die aufgestiegenen Meister in dir, in deinem Herzen und um deinem Energiefeld herum. Stelle dir vor, wie ich in deinem Herzen bin und dich führe (ich bin ohnehin dort). Visualisiere Buddha um dich herum, oder auch Maria, die für die Liebe und Heilung zuständig ist.
Das hilft dir außerdem, dich selbst zu erkennen, da du ja selbst auch der vollkommene Buddha, der vollkommene Christus bist.

## Willkommen daheim

Ihr seid nie allein. Ganz im Gegenteil – so viele geistige Lichtwesen und Engel möchten mit euch zusammensein. Für sie
seid ihr große Meister. Nur ihr selbst haltet euch nicht für
würdig und wißt – noch – nicht so recht, wer ihr seid.
Die geistige Welt verbeugt sich u.a. vor euch, da ihr es gewagt
habt und den Mut hattet, in einem Körper zu gehen. Ihr habt es
aufgenommen, diese Schwere und die irdische Begrenzung auf
diesem Planeten zu erfahren.
Ihr kommt aus ihrer Welt. Viele Leute spüren das sogar. Sie
wissen und fühlen, daß sie hier auf der Erde gar nichtmal zuhause sind. Unbewußt haben sie Sehnsucht nach der
Heimat.............
Ihr seid schon zuhause. Willkommen daheim.

## Rufe uns nicht erst, wenn es brennt

Wir alle (die geistige Welt) sind bei dir.
Wir sind deine Brüder und warten auf ein Signal von dir, daß
du uns um Hilfe bittest und die Erlaubnis gibst, dir zu helfen.
Wir helfen dir mit großer Freude wenn du uns rufst.

Du kannst all die Engel, all deine geistigen Führer nur noch
nicht sehen, wie sie sich vor dir verbeugen und dich lieben, da
dein Blick noch auf das kollektive Denken geht.

Wir von der geistigen Welt sind immer da. Nur du selbst
schaltest immer wieder den Kontakt ab.

Da sich jedoch deine Schwingung mehr und mehr erhöhen wird (siehe „Vision der Zukunft", vorletzte Kapitel), wird dir die Anwesenheit deiner geistigen Freunde ständig bewußter, auch wenn du sie mit deinen irdischen Augen (noch) nicht sehen kannst.

Dein Engel streichelt dir oft über dein Haupt und deine Wangen. Wenn du dich regelmäßig auf ihn konzentrierst und dir stets bewußt machst, daß er immer dich begleitet wie ein treuer Freund, wirst du es (und seine Energie) deutlich spüren.

Rufe mich und die Engel nicht erst, wenn es brennt! Sei es dir würdig, auch um irdische und alltägliche Dinge zu bitten. Verbinde dich jede Minute mit uns.

## .....aus Mangel an Vertrauen

Es fällt dir noch oft schwer, dem Leben zu vertrauen, da du derartige Erfahrungen gemacht hast, durch die du dich allein fühltest. Könnte es aber nicht sein, daß all diese Probleme entstanden sind, **weil** du kein Vertrauen hast?

Alle Probleme der Menschen im Leben entstehen nur durch Mangel an Vertrauen.
Die Menschen haben Regeln und Glaubenssätze für die Masse erschaffen, doch vergiß es nicht: Es gibt auch noch göttliche Regeln und Gesetze. Im Himmel ist alles möglich.

# Gott braucht dich glücklich und frei

Deine Herzenswünsche gehen immer in Erfüllung. Gott gab sie dir, vermittelte sie in dein Bewußtsein. Du hast also guten Grund, daran zu glauben und zu vertrauen, daß deine Wünsche in Erfüllung gehen. Außerdem braucht er dich glücklich, gesund und lachend.

## Vertrauen

Das Vertrauen (Selbstvertrauen, Urvertrauen) ist ein großer Bestandteil der Macht. Doch ihr habt alle noch so viele Zweifel, hängt noch fest in vielen zweifelnden Gedanken. Versuche Vertrauen zu entwickeln. Unternehme auch äußere Schritte. Glaubst du, die Angst wäre stärker als die Liebe? Stelle dir das Vertrauen als eine Energieblase vor, das sich um dich ausdehnt.

Alles im Leben zeigt deine Beziehung zu dir, zu Gott. Habe Vertrauen in dein göttliches Ich. Denn Gott drückt sich so in dir aus, wie du ihn siehst.

Erwarte keine bestimmte Ergebnisse, sondern vertraue darauf – egal was geschieht – das alles dich zu deinem höchsten Glück führt. Das ist Vertrauen: nicht zu wissen, was geschieht und trotzdem zu wissen, daß nur das Beste kommt.

Schreite voran. Warte nicht, bis du weißt, daß du es kannst, was du gerne tun möchtest. Tu es, ohne zu wissen, was für ein

Ergebnis kommt. Dein Weg dehnt sich aus, indem du ihn gehst.

Glaubst du, daß das Allerbeste in deinem Leben geschieht, dann trifft es genauso ein. Zweifelst du daran, so erlebst du diese Zweifel.

Über Vertrauen kommst du in die Freude hinein. Über die Freude gelangst du in das Vertrauen. Beides ist miteinander eng verbunden. Lebe das Vertrauen – das Urvertrauen – in dir. So entfaltet es sich und wird stärker. Habe dabei Geduld mit dir selbst. Dein Vertrauen wächst Stück für Stück. Warte nicht auf Ereignisse, die dir das Vertrauen stärken könnten. Du wartest nur, wenn du noch unsicher bist. Vertrauen kannst du dir nur selbst geben. Durch Vertrauen strahlst du Sicherheit aus. Jeder Zweifel, jede Unsicherheit verschwindet.

## Erwarte Wunder

Wenn du Wunder nicht für möglich hältst, können sie sich schlecht in deinem Leben widerspiegeln. Durch den Glauben an ihrer Existenz dagegen ziehst du sie an. Wiederhole einfach nur immer wieder diesen einen Satz:

„Ich bedanke mich für die Wunder, die jetzt geschehen."

Sage ihn mit all deiner Kraft.

## Veränderungen

Der Glaube und das Vertrauen sind riesige Kräfte, die dich in eine ganz hohe Schwingung heben. Je mehr du in Vertrauen lebst und an das Gute in deinem Leben glaubst, desto schneller realisieren sich große wunderbare Veränderungen.
Bleibe offen. Es kommen Veränderungen in dem Maße, wie du sie zulassen möchtest. Du steuerst es.

## Jedem seine Welt....

Durch den Glauben mancher Menschen, daß diese Welt, auf der sie leben, eine sch......(Verzeihung) Welt ist, wurde so eine Welt für sie erschaffen. Dann ist es für sie wahr. Sie machen daraufhin weiter die Erfahrungen, die ihnen diesen Glauben „bestätigen". Dann glauben sie es erst recht, daß es nur diese eine Welt gäbe.

## Gebete

Bitte uns jeden Morgen um Hilfe und Führung.
Erlaube dir selbst, um Hilfe zu bitten. Gebete haben eine große Wirkung. Sie werden immer erhört.
Habe bei deinen irdischen Wünschen das gleiche Verlangen wie mit deinen nichtmateriellen Wünschen. Auch diese stehen

dir zu. Wenn du dir irdische Dinge wünscht, dann ist es wichtig, das du sie so sehr möchtest. Du mußt es 100ig wollen. Sende Liebe, Freude und Glück hinein. Im Augenblick gebt ihr alle in euere Wünsche und Bitten noch Sorgen hinein.

Lache dabei, wenn du dir etwas wünschst.. Drücke deinen Wunsch und deine Bitte mit kindlicher Freude aus. Das gibt dir die nötige Energie dazu.
Lasse dann in Vertrauen los.
Sage dir:
„Wenn das nicht kommt, dann kommt etwas Besseres!"
Lass mit diesen Worten los und übergebe es dem Göttlichen.

Wenn du um etwas bittest, dann ist es wichtig, daß du dir das auch würdig bist, worum du bittest.
**Wenn du dich sehen würdest, wie wir dich sehen, wären alle deine Probleme gelöst** all deine Bitten schon erfüllt. Du bist sogar würdig, DAS GANZE UNIVERSUM ZU BESITZEN. So sehe ich dich. Fange an, dich genauso zu sehen. Halte dich innerlich für würdig.

Denke am Besten gar nicht daran, wie die Hilfe aussehen könnte oder gar sollte, um die du bittest, sonst blockierst du selbst viele andere Möglichkeiten, an die du nicht gedacht hättest. Angenommen du bittest um Geld, weil du vielleicht gerade finanzielle Nöte hast. Wenn du jedoch glaubst, nur über das Lottospielen zu einem Geldgewinn zu kommen, läßt du dann viele andere mögliche Varianten aus. Du beschränkst dich somit nur auf eine Variante und versperrst dadurch viele andere wundervolle Möglichkeiten, um zu Geld zu gelangen. Denn Geld kann auch auf eine Art und Weise zu dir kommen, mit der du vielleicht gar nicht mal gerechnet hast.

Sage auch:
„Schickt mir bitte ein Wunder!"

Warte dann in Vertrauen ab, was geschieht. Indem du einfach um ein Wunder bittest, läßt du deinem Unbewußten alle Möglichkeiten offen. Denn Wunder können auf unzählig viele verschiedene Arten und Weisen geschehen.

Ich empfehle dir ein Gebet, daß du in Zeiten der Unruhe und der Angst verwenden kannst. Aus diesem Gebet, das noch von vielen Menschen unterschätzt wird, kommt auch deine göttliche Kraft hervor. Dieses Gebet ist das VATER UNSER. Sprichst du dieses Gebet einige Male hintereinander laut aus, so wirst du eine große Energie um dich herum wahrnehmen. Diese Energie reinigt dein Energiefeld, vermittelt dir ein inneres Gefühl des Friedens und schenkt dir Klarheit. Probiere es einfach aus.

Oft glaubt ihr, daß euere Bitten nicht vom lieben Gott und von mir gehört werden. Doch gerade dann hören wir euch sehr aufmerksam zu. Wir wissen auch, worum ihr bittet. Wir haben sie schon gehört, bevor ihr sie aussprecht.

Gebete haben eine große enorme Kraft. Sie helfen dir außerdem, Frust und Schwere abzubauen.
Der Schlüssel zu allen Gebeten ist:

Wisse daß es geschieht!

Warum betet ihr denn sonst, wenn ihr nicht daran glaubt?!


## Seid es euch würdig


Viele Religionen haben Gebete erfunden, die dafür gesorgt haben, daß ihr euch demütig hinwerft und euch klein macht.

Deshalb fällt es vielen von euch heute schwer zu bitten.
Fordert es aber, was ihr möchtet.
Ihr seid es würdig und wert, alles Gute anzunehmen von Gott.
Bittet uns. Ihr habt das Recht, daß all euere Wünsche in Er-
füllung gehen. Bittet uns täglich 1000 Male, wenn ihr noch
Zweifel an die Erfüllung euerer Bitten habt. Fordert einfach.
Wir hören euere Bitten.

## Du bist Schöpfer

Alle Situationen, über die du dich noch ärgerst und die dich
dazu veranlassen, mit Gott und dem Leben zu hadern, geschehen nur aus deinem Glauben heraus, keine Macht und
keinen Einfluß dagegen zu haben. Doch mache dir bewußt: Du
bist Schöpfer. Ob du es weißt oder nicht, ändert nichts an
dieser Tatsache.

## Antworten

Oft sprach der liebe Gott im Leben schon direkt zu dir. Er tut
es auch heute noch und in allen Zeiten. Höre einfach nur in
deinem Inneren. Lausche – du wirst ihn hören. Er spricht zu
dir – so wie ich – durch deine Gedanken. Konzentriere dich
einfach auf uns.

Es gibt unendlich viele Möglichkeiten, wie der liebe Gott und
ich mit dir in Kontakt treten kann. Wir sprechen zu dir durch
deine Gedanken, durch andere Menschen, durch die Zeitung,

durch eine für dich „zufällige" wichtige Information aus dem Fernsehprogramm, durch die Tierwelt, die Kinder, einer Anzeige im Schaufenster, durch einen Traum........und durch noch vieles mehr...........

Vieles erscheint dir dann so „zufällig". Doch bist du aufmerksam, dann erkennst du, wie diese Zufälle sich häufen und das es sie so, wie die meisten Menschen sie betrachten, nicht gibt. Du wirst anfangen, dem „Zufall" eine größere Bedeutung zu geben. Das Wort „Zufall" sagt ja bereits aus, das etwas auf dich „zufällt"!

Wir können dir auch Informationen über ein Buch übermitteln. Diese Variante wählen wir sehr gerne.

Beispielsweise gehst du in eine Buchhandlung. Du blickst nach einem Buch, das dich anspricht. Du nimmst es in die Hand und schlägst es einfach auf. Patsch: Genau auf der Seite, die du „zufällig" aufgeschlagen hast und dein Blick hinschweift, steht plötzlich die Antwort zu einer Frage, die dich beschäftigt.

Mache dir keine Gedanken darüber, ob deine Fragen beantwortet werden, die du uns stellst. Mit Sicherheit bekommst du Antwort! Sei nur aufmerksam und humorvoll. Wenn du „gut drauf" bist – dann bekommst du sooo viele Informationen, daß du gar glaubst, sie alle aufschreiben zu müssen, um sie nicht wieder gleich zu vergessen.

Führe Gespräche und innere Dialoge mit Gott in dir. Das kannst du auch über ein Heiligenbild oder einer Figur (Buddha, Engel, oder von mir....) tun. Du belebst dieses Bild oder diese Figur, indem du dich darauf konzentrierst, mit ihm diesen inneren Dialog führst und dabei achtest, was als Antwort durch deine Gedanken kommt – so wie es ein Kind mit seinem Teddy oder einem anderen Kuscheltier tut. Mache es genauso verspielt und unbekümmert wie ein kleines Kind.

Und zum Schluß:

Vertraue einfach, daß alle Informationen, die du brauchst, genau in diesem Moment, wenn du sie brauchst, da sind.

## *Meditation*

Jetzt komme ich zu einem weiteren Hilfsmittel:
Die Meditation!
Sie verwandelt Unruhe in Gelassenheit, Sorgen in Leichtigkeit und ernste Miene in Heiterkeit.
Meditiere täglich (aber nur wenn du es möchtest. Zwinge dich nicht dazu).
Führe deine Meditationen nie toternst durch. Bleib locker. Du brauchst dich nicht an eine vorgeschriebene Sitzhaltung anpassen. Du darfst ruhig weiter in der Nase pöpeln, dich am Po kratzen. Nichts muß irgendwie streng eingehalten werden.

Meditiere vielleicht auch mit den Engeln. Jeder von euch hat direkten Kontakt zu seinem Schutzengel.
Dein Schutzengel wartet eigentlich nur darauf, daß du ihn anrufst in Form einer Meditation und mit ihm „zusammenarbeitest". Entspanne dich einfach, stelle dir deinen Engel vor, kommuniziere mit ihm durch deine Gedanken........weiteres überlasse ich dir und deinem Engel!

Meditiere auch, ohne in dieser Meditation „aktiv" zu sein:
Lasse deine Gedanken ruhen, verweile einfach in der Stille und laß geschehen, was kommt. Sei offen für alles – für Bilder, Eindrücke, Energien.......Oft tauchen Bilder auf. Die Engel und ich nehmen sehr gerne (gerade über Bilder) mit dir Verbindung auf.

Sehr wirkungsvoll ist auch eine Meditation mit verschiedenen heilenden Farben. Stelle dir vor, wie heilende Lichtenergie über deinen Kopf in dir, um dein ganzes Wesen und dein Energiefeld sich ausbreitet und es reinigt. Verwende die heilenden Farben smaragdgrün, rosa, weiß oder auch violett. Gerade die Farbe „violett" wandelt (transformiert) alles um. Wenn es dir mal nicht gutgeht, dich Emotionen oder Ängste plagen, dann stelle dir einfach eine violette Flamme vor, die dich umgibt und diese Emotionen transformiert. Diese Flamme gibt es wirklich. Du kannst sie auch für andere Menschen einsetzen.

# Großauftrag der Freude

## Die Vision der Zukunft

Ihr alle befindet euch in einem Prozeß einer riesigen Umwandlung. Momentan liegt ihr zwar noch in der Geburtswehe. Doch vorbei gehen bald die Zeiten, als ihr noch mit euerer Bierflasche vorm Fernseher die Talkshows angesehen habt.

Eine kosmische Lichtwelle steuert auf euerem Planeten zu. Das wirkt sich auf euch alle aus. Ihr werdet einen Umbruch erfahren, das euch in ein höheres Bewußtsein führt. Euere Angstmuster werden in diesem „neuen Zeitalter" nicht mehr da sein, da sich euere Schwingung erhöht. So verschwindet damit auch das Gefühl einer möglichen Trennung zu euerem göttlichen Sein, der Quelle. Ihr ward nie voneinander getrennt, nur in euerem Glauben. Euer Bewußtsein erweitert sich. Es ist das neue Bewußtsein, das aufsteigt in euch. Es besteht aus vollkommener Liebe, Frieden und Harmonie.

Auch die Mutter Erde öffnet sich für das Licht Gottes, das alle berührt. Die Erde steht vor einen Sprung in die geistigen Dimensionen. Dies hat Turbulenzen zur Folge. Auf der Erde und in euerem Bewußtsein. Diese Turbulenzen macht zur Zeit jeder noch mit. Bewahrt deshalb die Ruhe mit dem Vertrauen, daß ihr von mir geschützt seid. Momentan herrscht noch Chaos auf diesem Planeten, das sich in Form von Erdbeben, Überschwemmungen und einer Veränderung des Klimas ausdrückt. Doch hinter diesen „Katastrophen" verbirgt sich eine Reinigung, die die Mutter Erde erlebt.

Ihr werdet alle in Einheit miteinander leben. Ängste lösen sich auf, ebenso die Zeitfrequenz. Dann gibt es nur noch das Hier und Jetzt, in dem es keine Sorgen gibt. Denn die Vergangenheit kommt nicht wieder, und die Zukunft gibt es nicht. Das Licht, das schon auf der Erde ist, werdet ihr sehen können.

Dieses Licht breitet sich enorm aus mit einer rasenden Be-schleunigung. Euere Körperzellen speichern immer mehr dieses Licht. Jeder einzelne Mensch wird unterstützt in seiner ebenfalls beschleunigenden Entwicklung. Denn ihr seid Teil dieses göttlichen Planes und steigt zusammen mit der Mutter Erde auf. Viele Menschen spüren diese Veränderungen auf der Erde noch nicht. Das irdische Bewußtsein merkt diese Ver-änderungen nur, wenn sie sehr stark sind.

Ihr hattet das Paradies verlassen. Dies war mit dem göttlichen Plan abgestimmt. Doch jetzt kommt ihr wieder zurück in dieses Paradies – das Paradies der Liebe und des Lichtes.
Mit jedem Atemzug nehmt ihr das Licht auf. Ihr steuert eueren Aufstieg entgegen und tretet in höhere Schwingungen ein. Der Aufstieg hat viele Phasen, viele immer höhere Schwingungs-frequenzen werden durchschritten. Unbewußte Ängste kommen in euch hoch. Sie kommen durch das Licht an die Oberfläche, da sie aufgelöst werden möchten. Aus der Angst wird Kraft. Geht durch diese Angst hindurch, danach merkt ihr, daß alles gar nicht so schlimm war.

Durch die ständige Energieerhöhung auf der Erde verstärken sich euere „positive" und „negative" Eigenschaften – zu jenem Zweck: Die positiven Seiten, um dadurch euch selbst (endlich) mehr lieb zu haben – und die sogenannten „Schwachpunkte", um sie ebenfalls zu lieben.
Ihr habt die Wahl, in Angst zu bleiben oder sich zu erinnern, daß die geistige Welt immer da ist, die hilft. Viele geistige Lichtwesen möchten mit euch zusammensein, viele Infor-mationen – auf verschiedenster Art und Weise – können sie euch geben. Doch sie brauchen euere Erlaubnis zum Helfen.

All die Menschen, die heute noch in Angst leben, erleben genau diese Realität. Die Menschen, die Liebe ausdrücken und in Vertrauen leben, werden ebenso ihre eigene Realität er-leben.

Euere irdischen Probleme lösen sich dann von alleine auf, nachdem ihr selbst euere Schwingung erhöht habt.

Ihr alle werdet leichter, freier und klarer. Ihr beginnt bewußt zu werden, bewußt zu essen. Durch die hohen Schwingungen, die ihr täglich in euch aufnehmt, gefallen euch viele Dinge und Orte nicht mehr, die ihr früher noch gewählt habt – aber nicht, weil diese sich geändert haben, sondern weil ihr euch aufgrund dieser Energieanhebungen geändert habt. Beispielsweise gefällt euch euer Beruf nicht mehr oder ihr möchtet aus euerer kleinen Wohnung heraus, da diese nicht mehr euerer erhöhten Schwingung entsprechen. Auch die Materie, an der ihr lange festgehalten habt, könnt ihr nicht mehr halten. Die Sehnsucht wächst nach etwas Größerem. Viele Leute suchen nach dem Geistigen. Einige von ihnen wissen aber nicht wie – und drehen erstmal durch.

Es gibt im Leben nur zwei Dinge: nur Angst und Liebe! Was anderes gibt es nicht. Doch die Angst – die wird gehen!

## *Großauftrag der Freude*

Euere Seelen entscheiden sich mehr und mehr alle miteinander, dem göttlichen Willen zu folgen: Einen Großauftrag zu erfüllen – dem Auftrag der Freude.

All die Situationen, die ihr jetzt deshalb erlebt, auch wenn viele dieser Erlebnisse ihr nicht mögt, möchten euch in Wahrheit zu diesem Weg der Freude führen. Und dieser Weg wird nicht begrenzt sein.

Vielleicht verspürt ihr noch jeden Morgen, wenn ihr aufwacht, eine Traurigkeit in euch. Sie zeigt euch nur an, daß ihr noch nicht den Weg geht, der für euch bestimmt ist.

Es ist der göttliche Auftrag, den Weg der Freude auf allen Ebenen zu leben. Ihr alle, die dieses Buch lest, habt diesen höheren Auftrag bereits gewählt:

Freude zu sein – und damit Freude zu bringen. Mit dieser Freude werdet ihr **Wunder vollbringen, mehr noch als ich es tat.** Euer Licht dehnt sich weiter aus, euere Ausstrahlung wird wachsen. Das zieht viele andere Menschen an, die Rat und Unterstützung bei euch suchen. Ihr werdet euch dann einige Male wie Mutter Teresa fühlen.

Euer Höheres Selbst fängt an, die Führung in euerem Leben zu übernehmen. Weiter wächst in euch der Wunsch und die Freude, nicht nur Liebe zu empfangen, sondern diese vielmehr weiterzugeben. Denn ihr fangt an, euch zu erinnern, daß ihr selbst die Liebe seid.

Die Menschheit wird dann erkennen, daß sie zu Außergewöhnlichem in der Lage ist...........

# Die Suche ist das Hindernis

*Eine etwas andere Möglichkeit.....*

Ich komme jetzt zu dem letzten Kapitel dieses kleinen Büchleins. Ich bitte euch daher nun alles erst mal wieder zu vergessen, was ihr bis jetzt gelesen habt.
Das heißt nicht, daß das alles nur ein fauler Käse war, das ich euch bisher mitgeteilt habe. (Ihr brauchtet diese Informationen bisher, um reif für dieses letzte Kapitel zu sein). All das ist wahr. Doch wie ich euch schonmal gesagt habe: ALLES ist wahr. Es gibt soooo viele Wahrheiten. Du kannst dir jedoch die Wahrheit aussuchen, die dir am Besten gefällt.

Ich gab euch in diesem Buch Tipps, wie ihr mit eueren Ängsten umgehen könnt. Ich schlug euch die Meditation und das Gebet vor. Ich empfahl euch neue Glaubenssätze (Affirmationen). All das sind wunderbare Hilfsmittel. Probiert es einfach aus. Doch ihr müßt nicht. Ihr könntet auch ohne diese Hilfsmittel glücklich sein. Wie das geht, das möchte ich euch zum Schluß dieses Buches noch sagen.

Denn es gibt Menschen unter euch, die haben gar keine Lust, ständig „ich liebe dich" vor dem Spiegel zu sagen. Sie leiern auch keine Affirmationen herunter. Sie kümmmern sich gar nicht mal darum, ihre Ängste aufzulösen (das gar nicht mal so verkehrt ist). Doch auch sie können großes Glück und Freude in ihrem Leben erfahren. Das ist durchaus möglich, ohne sich dazu großartig anzustrengen.

Affirmationen beispielsweise sind eine andere Technik. Es sind Hilfsmittel, doch es geht auch ohne. Niemanden sind irgendwelche Grenzen gesetzt, nur die, die jeder sich selbst auferlegt.

114

Ihr habt die Macht, Glück zu haben in euerem Leben, ohne sich dafür anstrengen zu müssen. Ihr braucht das nur zu glauben. Glaubt einfach, daß es möglich ist.

Die Hauptüberzeugung, die hinter all eueren Überzeugungen steckt, ist die Überzeugung:

„Ich muß handeln, wenn ich glücklich sein möchte!"

Ihr haltet es für unmöglich, daß das wunderbarste Glück in euerem Leben *jetzt* einfach so auf euch herunterprasseln könnte, ohne das ihr euch dazu anstrengen müsstet.
Nein, ihr denkt: „Ich muß etwas für mein Glück tun!"
Im Grunde braucht ihr nur diese eine Kernüberzeugung loslassen, und wir könnten mit dem Buch hier aufhören. Diese Hauptüberzeugung könnt ihr auflösen, indem ihr damit anfangt, sie als euere Wahrheit anzuzweifeln.

## *Worauf ihr euere Aufmerksamkeit lenkt....*

Viel Zeit nehmt ihr für euere Probleme, um glücklich zu werden.
Ihr interessiert euch mehr für euere Probleme als für euer Glück. So erlebt ihr die Probleme und nicht das Glück.
Das ist gar nicht so einfach. Da müßt ihr soviele komplizierte Dinge tun, um unglücklich sein zu können. Doch viele von euch sind sehr gut darin ausgebildet.....

Es sieht dann im Leben so aus, das ihr recht hättet, da euch widergespiegelt wird, daß das Leben nicht einfach ist. Doch der Grund ist nicht, daß das Leben wirklich ein harter Kampf wäre – nein: es ist die Überzeugung, euere Meinung, die ihr über das Leben habt.

Oft konzentriert ihr euch auf das, was ihr vermeiden wollt und was angeblich noch fehlt zu euerem Glück. Doch wißt, so kommt ihr nicht ans Ziel, da ihr euere Aufmerksamkeit auf all den Mangel richtet, den es nur geben kann.
Denkt ihr an mögliche Hindernisse, dann erlebt ihr sie. Dadurch entstehen tatsächlich Probleme, mit denen ihr euch beschäftigen darft. Ihr mußt das aber nicht, nur wenn ihr es eben glaubt.
Konzentriert euch deshalb nicht auf euere Schwächen. Konzentriert euch auf euere Stärken. Glaubt niemanden, ihr müßtet euch erst mit eueren Schwächen auseinandersetzen, um Glück und Freude im Leben zu finden. So geht ihr nur viele viele mühevolle Umwege. Ihr habt im Grunde gar keine Schwächen, lediglich nur den Glauben, diese zu besitzen, da ihr euch für unvollkommen haltet. Doch das ist nicht wahr. Ihr seid vollkommen. Ihr glaubt nur, es nicht zu sein und erlebt daraufhin eine Widerspiegelung euerer eigenen Überzeugung, unvollkommen zu sein. Dann glaubt ihr es erst recht. Jeder, der sich für unvollkommen hält, dem wird genau das widergespiegelt. Und dann verstärkt sich sein Glaube daran. Doch es ist nur ein Spiegel, nicht aber die Wirklichkeit.

## So wie du denkst, kommt es

Du glaubst, dich abmühen zu müssen, wenn du ein Ziel verfolgst. Doch die ganze Mühe ist wirklich nicht notwendig. Sie ist es nur, wenn du das glaubst. Veränderungen in diesem Sinne sind nur nötig, wenn du glaubst, etwas verändern zu müssen.

Es geschieht nach deinem Glauben. Bist du aber absolut davon überzeugt, daß das größte Glück, was du dir für dich vorstellen kannst, einfach so auf dich zufliegt.......dann ist es so!!!!

## *Der Herr ist mein Hirte........*

Du brauchst nicht zu kämpfen im Leben, auch in Gedanken nicht. Folge einfach der Führung deines Herzens. Laß dich nur noch von deinem Herzen leiten. Und alles wird einfach.

Gott ist euere absolut zuverlässige Versorgungsquelle („Der Herr ist mein Hirte..."). Ihr bekommt von ihm alles, wenn ihr es nur zulasst (nicht selbst blockiert).
Ihr bräuchtet nicht mal etwas für die Erfüllung euerer Wünsche tun, da das Leben euch automatisch dahin führen möchte. Denn euere Wünsche sind auch Gottes Wünsche, da er eins mit euch ist. Doch sobald ihr euch Sorgen macht, dann tut ihr etwas dagegen, ohne es natürlich zu wollen. Ihr laßt Gott durch euere Sorgen nicht zu, daß er für euch (und in euch) erschafft. Euere Gedanken sind Energien. Sie sind schöpferisch, ob es nun Zweifel sind oder Freude. Ihr selbst seid schöpferisch.

Beendet euere Suche nach dem Glück. Hört auf, nach Freiheit zu suchen. Ihr seid bereits frei. Euere Suche ist nur das Hindernis, das die Freiheit belagert. Ihr müßt nichts, gar nichts – nicht mal euer Ego müßt ihr abbauen. Ihr könnt es behalten, wenn ihr wollt.

## Finanzen

Macht euch keine Sorgen um euere Finanzen. Glaubt ihr, ihr bleibt ohne Versorgung? Seid euch sicher – ihr werdet immer das bekommen, was ihr braucht – immer!!!!!

## Loslassen

Laßt alle Sorgen frei. Laßt sie einfach los. Durch das „Loslassen" werdet ihr nicht arm – Nein ihr werdet reich, erzielt auf diese Art und Weise viele Gewinne.

## Geduld – ein Fremdwort?

Bleibe geduldig in Vertrauen, daß alles zum richtigen Zeitpunkt geschieht. Sonst erschaffst du Situationen, die dazu führen, das alles noch länger dauert und deine Ungeduld daraufhin weiter wächst und somit auch dein Frust. Dieser Frust läßt dich wiederum glauben, nicht vollkommen zu sein. Somit hast du wieder das Ziel, ein Ziel zu haben.

## Die Gefahr des „Wollens"

Probleme sind Illusionen. Doch viele Menschen bleiben noch in ihrem Problem stehen. Viele wollen das....und das...., doch sie bleiben beim Wollen stehen.

Bleibe nicht im „Wollen" gefangen. Was du willst, das bekräftigst du gleichzeitig, es nicht zu haben. Du erklärst damit nur, daß du es noch nicht hast. Das zeigt dir dann dein Leben. Deine Schöpferkraft sagt sich: „ Er **will** – ja, diese Erfahrung, die kann er haben!" So machst du nur die Erfahrung, es zu **wollen**, aber noch lange nicht die Erfahrung, es zu **haben**.

Wenn du beim Wollen stehenbleibst – so erschaffst du Situationen, die dein „Wollen", deinen Wunsch verstärken.

Ich nenne ein Beispiel:

Vielleicht hast du bereits länger keinen Sex mehr gehabt. Dann hast du den Wunsch wieder einmal: „Ich möchte Sex!" Anstatt dir das vorzustellen, es bereits zu tun, konzentrierst du dich nur auf das „Wollen". Was wird dann passieren in deinem Leben? Es kommen Ereignisse und Situationen, die deinen Wunsch nach Sex verstärken, da du dann nur die Erfahrung des „Wollens" machst. Beispielsweise schaltest du den Fernseher ein – und „zufällig" (wie ihr erkennt, gibt es so etwas wie Zufälle nie) läuft gerade ein phornographischer Film. Oder du triffst Menschen, die auch nur „über das eine" reden. Du denkst dir dann: „Mensch, das wollt ich doch.....!"

## Die Zeit – ein Trick der Natur

Wünsche, wer du sein möchtest – und sei es. So drückt Gott sich durch dich aus.
Es gibt keine Zeit. Daher bist du alles schon, was und wer du sein möchtest. Sehe dich bereits so.

Du bräuchtest auch keine „Methoden". Diese sind nur zu dem Zweck da, um etwas zu werden. Doch du brauchst nicht versuchen zu werden, das du schon bist!

Daher wünsche ich dir, daß **jetzt** all deine Wünsche in Erfüllung gehen!

Sehe dich nicht auf einem Weg zu einem glücklichen Leben. Sehe dich nie auf irgendeinem Weg. So bleibst du nur auf einem Weg. Das Universum (dein Unterbewußtsein, deine Schöpferkraft) denkt sich dabei nur: „**Weg**. Er möchte einen Weg gehen.....ja das kann er haben!"
Sehe dich schon dort – am Ziel – angekommen!
Du kannst nur **jetzt** glücklich sein.

Es ist nie die Zeit, die voran schreitet. IHR schreitet voran.
Die Zeit gibt es nicht. Sie ist nur ein Trick der Natur, daß ihr nicht alle Dinge auf einmal tut.

## „Ich bin im Jetzt"

Versuche immer nur, im Jetzt zu sein und handeln, dann brauchst du dir um deine „Zukunft" keine Sorgen machen. Es

ist im Grunde genommen so einfach. Sage: „Ich bin im Jetzt!",
so fällst du nicht mehr in die Dramen des Lebens hinein. So
erkennst du auch, daß das Leben hier nur eine Bühne ist.
Immer, wenn du merkst, daß du dich wieder in der Zeitlinie
befindest, sage: „Ich bin im Jetzt!" Schon das „Ich bin..."
allein löst was aus. Alles wird leichter.

„Ich bin im Jetzt!"

Es reicht aus, wenn du dir das nur im Gedächtnis behältst. Da
schwingst du dann in eine ganz andere Frequenz. Lebe einfach
nach dem Motto: „Was gestern war, ist mir schnuppe! Was
morgen ist, weiß ich noch nicht!"

## Der Tisch ist bereits gedeckt

Alles ist schon da, was du dir wünscht. Nur es braucht Zeit,
um sich in deinem Leben zu manifestieren – aber auch nur,
weil du noch an die Zeit glaubst.

Das was du dir wünscht, hast du bereits. Nur dein Verstand,
deine Logig kann das nicht glauben. Somit wählst du eine
Sichtweise, indem du das Gewünschte einfach noch nicht hast.
Genau diese Erfahrung machst du aufgrund der Wahl dieser
Sichtweise. Versuche, deinen Verstand zu veralbern, indem du
dir vorstellst, das Gewünschte bereits zu haben. Mache diese
„Täuschung" solange, bis es da ist!

## Sei einfach

Es gibt keine Suche, keinen Weg. Du kannst nicht irgend-
wohin gelangen. Du kannst nur hinkommen, wenn du schon
dort bist. Das ist der ganze Wunscherfüllungstrick. Du strebst
noch oftmals, um etwas zu werden. Doch das ist unmöglich.
Denn du kannst nichts werden, das du schon bist, immer warst
und immer bleiben wirst. Wenn du göttlich sein möchtest –
dann sei es. Sei ein inkarnierter Gott.

Wenn alles gut geht, bleibt man stehen. Das Universum ist
aber nur Bewegung. Du bist das Universum. Du bist seine
Energie.

All das Streben und das Abmühen (der Weg, das Erreichen des
Ziels, die Suche) beruht noch auf dem Glauben, unvollkommen zu sein. Durch diesen Glauben aber bekräftigst du
Mangel: Du denkst, du hast das Gewünschte noch nicht. Das
ist jedoch nur in deinem Bewußtsein, in deiner Wahrnehmung
so.

Gebe das Ziel auf, ein Ziel zu haben. Tu lieber so, als ob du
am Ziel bist. Über das spielerische „so tun als ob" kommst du
dahin. So wird sich das Gewünschte in deinem Leben realisieren.

Durch Freude am Leben kannst du Freude am Leben erfahren.
Zuerst kommt die Freude, dann das Ereignis, die dir deine
Freude widerspiegelt - nicht aber das Ereignis zuerst.

Sag nur nicht, du könntest dir das unmöglich so vorstellen.
Tu so als ob, wenn du wissen möchtest, daß du es kannst!

Du hast nur eine Aufgabe: Die Aufgabe, die Aufgabe aufzugeben. Ich meine damit die Aufgabe, die du dir gesetzt hast, um damit alles auszudrücken – nur nicht das, was du wirklich bist.

Du mußt nichts tun. So funktioniert es nicht ganz. Du kannst einfach nur *sein*.

## Das Ego – auch nur ein Trick

Das Ego ist der Hauptsponsor zur Erhaltung deines Glaubens an eine eigene Unvollkommenheit. Das Ego ist auch der Bewertungsmechanismus, das zwischen Gut und Böse unterscheidet.

„Gut" und „Böse"(die gute und die dunkle Seite der Macht) – sind jedoch beide vollkommene göttliche Ausdrücke. Auch Luzifer ist in Wahrheit göttlich. Er schlüpfte in die Rolle des gefallenen Engels, des Bösen – und das nur aus reiner Liebe zu Gott. Einer mußte ja diese Rolle übernehmen, so daß die Menschen von „Licht" und „Dunkelheit" unterscheiden können.

Bemühe dich, auch das „Ungeliebte" zu lieben. Dadurch wandelt es sich um. So einfach ist das. Es ist wirklich so einfach.

Es gibt keine Probleme im außen. Alles ist neutral. Das Problem entsteht nur durch die eigene Einstellung zu diesem neutralen Geschehen. Änderst du die Einstellung, löst sich dieses „Problem" auf.

Das Leben ist einfach. Es ist wirklich so einfach. Nur das Ego will das nicht verstehen. Es fängt bei allem an, Fragen zu stellen – und nach einer schwierigen Antwort zu suchen.

Du bist in Sicherheit. Das konntest du nur nie erkennen, weil dein Ego dich so beschäftigt hat.

Jetzt habe ich schon soviel vom Ego gesprochen. Das Ego gibt es in Wirklichkeit gar nicht. Es ist Illusion, existiert nur, weil du daran glaubst, das es existiert. Und nur deshalb muß ich euch vom Ego erzählen.

## *Das Engelchen und Teufelchen*

Es gibt im Leben nur zwei Energien – 2 Stimmen, die beide in deinem Kopf sind:
Ein Engelein (dein Herz) und ein Teufelein (dein imaginär erschaffenes Ego), die beide pausenlos mit dir kommunizieren. Pack das Teufelchen liebevoll an die Hörner und höre nur noch auf das, was dein Herz dir sagt. Ignoriere dein Ego. Du erkennst das Ego daran, das es immer nur von Zeit zu Zeit reist. Es ist immer auf das Gestern und das Morgen gerichtet. Dein Herz verweilt jedoch nur im Jetzt, im Augenblick. Dein Ego sagt immer: „Du mußt handeln....", überredet dich aber gleichzeitig immer wieder, wichtige Dinge auf den nächsten Tag zu verschieben. Es läßt dich außerdem immer glauben, unvollkommen und von allem getrennt zu sein. Das tut das Ego alles, weil es deine Probleme behalten möchte.

Spüre die Kraft, die Liebe – und spüre das Licht in deinem Herzen, denn diese Elemente führen dich und lasse dich nur von diesen Elementen führen. Vertraue nicht länger der Logig.

Vertraue nur den Elementen deines Herzens – denn hier bin ich eins mit dir. Alle Hilfe wird dir so zufließen. Alle Hilfe kannst du erfahren.

## *Sehe dich als vollkommen*

Du mußt (und kannst) nicht vollkommen werden, da du bereits vollkommen bist. Du brauchst dich nicht „weiterentwickeln". Das glaubst du nur, weil du dich als Person, als getrennt von mir siehst.
Sehe dich als vollkommen – so wie du von mir gesehen wirst.
Das ist der „Weg" zur Erleuchtung und zur Gesundheit!

Sage zu dir:

„Ich bin wunderbar."
„Ich bin vollkommen."
Sage das zu dir. Es ist die Wahrheit.

Du bist schon erleuchtet. Das Licht kommt nicht erst von oben herab. Du trägst es bereits in dir. Es wird nur die Schale um dich herum abgeschält - wie bei einem Apfel. Diese Schale enthält alle Überzeugungen, Muster und Blockaden, die dich noch glauben lassen, nicht das zu sein, das du in Wirklichkeit schon bist.

Ich kann dir nur das sagen, was ich in dir sehe – nichts anderes:
Du bist vollkommen. Wärst du das nicht, würde das heißen, das Gott etwas Unvollkommen erschaffen hatte. Doch wie könnte Gott etwas Unvollkommenes erschaffen, wenn er

selbst vollkommen ist?! Ihr wurdet schließlich nach seinem Ebenbild geschaffen.

Oft denkt ihr Mangel, doch in Wirklichkeit seid ihr reich: In euch ist Gott. Viele Atheisten könnten sich mit dieser Tatsache nicht anfreunden. Doch niemand, egal wohin er ausweicht, wohin er geht.........niemand kann Gott „entfliehen". Denn er ist in jedem von euch. In euerem Inneren wisst ihr das.

Doch bevor ihr in einem Körper geschlüpft seid, reichte euch das nicht, alleine nur zu wissen, wer ihr seid. Ihr wolltet das auch fühlen, auch erleben. Um es erleben und erfahren zu können, habt ihr es erst einmal vergessen.

Auch deine negativen Gedanken sind vollkommen. Liebe sie. Auch sie drücken deine Vollkommenheit, deine Göttlichkeit aus. Sie erschaffen und gestalten genauso deine Realität. Gerade auch sie zeigen dir, das du schöpferisch bist.

# Zum Schluß

Picke dir aus diesem Buch das heraus, das du für dein Leben nutzen kannst. Setze dieses Wissen um. Es hilft dir nicht viel, wenn du nur mal davon gehört hast und das Buch anschließend ins Regal stellst. Es ist wie mit einem neuem Auto, daß du erhalten hast. Läßt du dieses Fahrzeug nur in der Garage stehen, glaubst du nur, daß es gut fährt. Doch wenn du es nicht nutzt, kannst du es nur glauben, jedoch *nicht wissen*, ob dieses Auto tatsächlich so vollkommen ist. Fährst du aber mit deinem neuem Auto, **so machst du die Erfahrung**

Gib auch nicht gleich auf, wenn es nicht sofort läuft mit deiner Umsetzung. Es ist anfangs normal, dass man hinfällt..., mal vor, mal im Kreis... und dann wieder rückwärts läuft....

**Ich liebe dich. Ich habe dich immer geliebt.**